**本书得到以下项目资助**

东北大学秦皇岛分校人才引进资助项目
东北大学田野中国学建设项目
湖南民族历史文化研究基地资助项目
民政部政策理论研究基地合作单位资助项目
湖南师范大学民族学与人类学研究中心田野中国学建设项目

**编委会**

主　编：谭必友
副主编：郝庆云　张卫民　赵书峰　杨苏平
编　委：陈剑　李彦　谭卫华　王欣　田晓黎

**学术指导**

赵　杰（东北大学教授、博导）
杨建新（兰州大学教授、博导）
戴庆厦（中央民族大学教授、博导）
王邦维（北京大学教授、博导）
杨圣敏（中央民族大学教授、博导）
金炳镐（中央民族大学教授、博导）
陈　凡（东北大学教授、博导）

# 田野中国学 1

主编 谭必友

民族出版社

# 研究中华优秀传统文化的必要补充

## （代序）

研究中华优秀传统文化，浩如烟海的古典文献固然重要，但收藏在东西南北广袤大地上的民间材料，特别是语言、方言、民歌、祭词、家谱等，甚至还有散落在民间的地方档案等"非遗"文献，也是研究中华优秀传统文化的重要补充。创办《田野中国学》系列文集正是这一重要补充的学术阵地。我在由衷祝贺之时，也对出版此文集的理论和现实意义做几点阐释。

### 一、中华优秀传统文化的积累、传承之特征

中华优秀传统文化是世界上唯一一条五千多年没有中断的文化长河，经过漫长而悠久的历史打磨，筛沙淘金，历代积累，形成了浩如烟海的文化典籍，也在广大民间存遗了丰厚至极的语言方言、口头传说、家谱、地契、度牒等资源。

中华优秀传统文化是一个多民族长期积累的文化百家园，或者叫做多民族的精神家园。这其中以汉族为主的文化精髓，如以孔子、孟子为代表的儒家思想，以老子、庄子为代表的道家思想，以华严宗、禅宗为代表的汉传佛教思想，留下的书面文献典籍多不胜数，比如，从十三经到四书五经，老子的《道德经》，汉传佛教的《金刚经》等，一代一代的儒释道传人可以通过其经典文献学习、传递。但是，文献毕竟是有限的，比如汉儒文献，从两汉的十三经到宋代朱熹的四书五经，已经精选很多了，再到清末和五四运动，由于受"打倒孔家店"的影响，一些儒家经典文献遭到洗劫，人们对儒家经典文献已经所知甚少了。到"文化大革命"时期又进行了"破四旧""批林批孔"，记载儒释道的一些经典文献又被送入火堆；甚至连千古文学名著《西游记》《水浒传》《三国演义》《红楼梦》也被视为"封资修"糟粕而毁于一炬。

到了今天，年轻学生对中华优秀传统文化原汁原味的文献典籍或读不到（只剩下一些简本供快餐性阅读），或读不懂（图书馆、博物馆虽有文献原文，但因是无标点，

又是繁体字，一见就望而却步），他们对中华优秀传统文化的继承，一方面是大、中、小学校的老师在课堂上的传授，另一方面是自己读书或从媒体及手机中了解到，更多的则是在民间通过社会和家庭成员的相互传递、耳濡目染而学到的，有时又是不知不觉在社会环境中熏陶而得到的。因此，可以说，中华优秀传统文化积累之方式、传承之渠道是多方的、多元的。我们发掘、研究中华民族的优秀传统文化，尤其是经典文献缺乏的少数民族文化，要从他们无文字的民间田野去发现、去汲取，已成为毋庸置疑的方法论原则。

## 二、田野中国学是文献中国学的重要补充

前文叙述了中华优秀传统文化的积累和来源的多元性，尤其是经典文献和田野民间两大文化宝库的双存性。那么，要说到两大宝库，还要从文献大国学说起。文献自不必说，是各民族历史上积累下来的书面文献典籍，是收藏在图书馆和博物馆或研究院、大中小学校教材库里的记载不同时代的各学科的文字资料，大国学则是包含汉学的孔子孟子之儒学、老子庄子之道学、汉传佛教在内的中华各民族能够上升到国家层面的优秀传统文化，例如，满学、蒙古学、藏学等，概言之，是中华各民族为缔造伟大祖国做出贡献的各种文字文献记录。

但是，我们应该看到，无论是汉学，还是满学、蒙古学、藏学，其国家文献记载的历史都是不够全面细致的，许多优秀民族文化的材料还存留在民间老百姓的家中，或者还鲜活地存留在各民族日常的口语中。

比如，许多少数民族的史诗就是靠口头而代代相传的，许多民间收藏家不仅藏有大量珍贵的珍宝、古玩、古陶、古画等，还藏有大量国家图书馆、博物馆和当代教科书中没有的绝版书籍、古传禁书等，特别是各地区、各民族用不同语言文字记载并流传的家谱，更是一部部与正规史书互补互印的中华民间文化历史。甚至可以说，我们今天习惯性地认为已经定论的中华民族历史史实，往往也是不够全面、不够真实的。从民间、从田野中调查来的材料或口头民间文学，尤其是汉语方言和少数民族语，大量地叠床架屋地保留着不同历史年代的政治、军事、经济、文化、民俗等真情实貌，这是需要学者从田野中、从民间中不断调查研究才能获取的。

因此，也可以说，田野中国学即从民间调查来的除图书馆、博物馆、教科书之外获得的田野民族文化材料，是文献中国学的重要补充，而且可能比文献中国学有着更为丰富全面、更具历史纵深价值的中华民族优秀传统文化内容。田野中国学至少与文献中国学一样，是中华优秀传统文化一块硬币的两个面之一。甚至这块中华文化硬币

的田野中国学一面，至今研究、挖掘、发现的工程还没有完全打开。田野中国学是一个方兴未艾的聚宝盆，许多分支特别是少数民族文化分支，仍然是尚未开垦的处女地。

中华优秀传统文化的微观文化研究即语言学研究，有一个很重要的方法论原则，叫做"空间的差异反映时间的发展"，它指的是：现实的语言或方言在地理分布上的依次差异则反映了语言历史上不同时代的变化之先后。例如，汉语方言广州话有入声塞音尾-p、-t、-k，上海话都变成了喉塞音尾-ʔ，但是到了北京话，就完全消失了喉塞音尾，成为零形式（指语言的音节尾是元音结尾，没有任何辅音）。从珠江流域到长江流域，再到永定河流域，空间的入声塞音尾的差异反映了汉语从华南存古到华东有变，再到华北全变的语音发展历史层次。

"空间的差异反映时间的发展"之方法论原则同样适用于田野中国学和文献中国学的先后之差异，有时书面文献记载比较稳定且滞后，而中华文化的发展在不断地与时俱进。比如，现代汉语文献记载的白话文长句不仅与古代汉语记载的文言文言简意赅的短句不同，而且反映了现代人不同于古代人的价值观。我们今天看到的中央文件和人民日报、中央电视台的书面语表达法，变化很快，也有变化太快而失误的例子（比如"文化大革命"时期过左的言语等），以至于年纪大跟不上形势的人都似懂非懂，但民间尤其是偏远山区、少数民族地区，则具有千百年不变或变化缓慢的特点，因此几千年形成的道德价值观等常常不受激变的书面文件的影响。

因此，研究田野中国学比单纯研究文献中国学有更为意想不到的学术价值。可以说，田野中国学所要发掘、发现和研究、弘扬的内容可能要比文献中国学更丰富，更具有鲜活、广博之富矿性质。而在这方面，中国的学者和学术界还认识得远远不够，或者叫做坐在城市里的书斋研究文献有余，下到乡村田野里挖掘民间资料不足。所以，2019年3月4日全国"两会"期间，习近平总书记在出席政协会议的文艺界、社科界委员的联组会上强调说："哲学社会科学工作者要走出象牙塔，了解百姓生活状况，解疑释惑，把学问写进群众心坎里。"他还接着说："要把中国的事情搞清楚，把好脉，不接地气不行啊！"美国20世纪30年代流行从大学书斋走向田野，产生了一批蹲乡下，做"泥腿子"的教授，由此创建了中西部一些应用型大学，极大地填补了美国科学与人文的研究内容，也提高了美国学的研究水平，这也是田野补充文献的有力证据。

### 三、"读万卷书，行万里路"是中华文化习得的必踏两轮，也是中华文化研究的必行之径

中国从古至今，历代大儒、高官、巨商，无不奉行"读万卷书，行万里路"的万古箴言，这是中华优秀传统文化得以在文献中国学和田野中国学两大路径中得以积累和生成的不变法门。

历代知识分子无论是治学、经商，还是从政，成功人士均是履行了"读万卷书，行万里路"两种职能。在他们从事某一事业之前，习得知识和真理也是走了这两条路，而不是仅仅一条，因为仅走哪一条路都容易使知识的习得形成偏颇而影响了后来的建功立业。比如，仅仅"读万卷书"，确实能学富五车，满腹经纶，但往往容易过于"唯书""唯上"，到了近现代，就成为"教条主义"，让勇于实践的人笑为"书呆子"。而仅仅"行万里路"，即奉行实践唯一的哲学，拒绝从前人的经典文献中吸取经验教训，也是难以上升为理论。或者容易犯"一孔之见"之毛病，因为一时一地的实践总有局限性，要结合前人的经典进行纵向梳理、借鉴，才能不失偏颇，不至于"只见树木，不见森林"。

既"读万卷书"即学习文献中国学的知识，又"行万里路"即走进田野，与民间百姓零距离接触，去感受实践实知，这样才能全面而完善，实现理论与实践的有机结合，书本阅读和实践体悟的有机结合，做到学习书本知识时，能博闻强记，能批判吸收并加以想象力的创造，达到推陈出新。亲历田野现场学习经验时，能勇于实践，敢于动手，履行"踏石留印，抓铁有痕"[①]的实干精神。

把"读万卷书"和"行万里路"融为一体地去获得真知，正是历代志士仁人成功人生和成就伟业的秘诀。例如，春秋时的孔子就是读《尚书》和周公的礼书，周游了列国，才做成了修《春秋》、设私塾、留《论语》的立德、立功、立言之伟业；唐代的李白也是宫廷任职、学诗学律，然后走遍祖国名山大川，进而写出惊天地、泣鬼神的不朽诗篇，成为文献中国学和田野中国学无不追研的公认诗仙。清代康熙皇帝玄烨四岁半开始就在北京皇宫学习汉语汉文进而学习四书五经，学习新老满文，之后一生手不释卷，16岁除鳌拜后开始亲政，又勇于实践，北下平定朔漠，亲征噶尔丹，又六下江南，两次东巡，治理黄河时还亲自到黄河视察，直接踏查水位，"读万卷书，行万

---

① 这是一句民间谚语，指人抓到一块钢铁也能留下较深的印痕。这一谚语因为成了习近平总书记治国理政的关键词而一举成名，强调的是针对困难任务要动真格、见成效。

里路"从而使他开创了康乾盛世。

毛泽东是现代人中"读万卷书,行万里路"的第一典范,也是中华优秀传统文化培养起来的伟大的马克思主义者,他的文集和诗集也是集文献研究和田野调查于一身的成果,当代几乎人人皆知。近代以来许多重大学问的发现、新学科的奠定,也与田野中国学密切相关。

20世纪初甲骨文的发现,产生并发展出古文字学,而这个重大发现就是河南安阳郊区的农民在田野中翻地耕作发现了白的兽骨,才诧异地告诉他人,一直关注田野实践研究的学者辨认出兽骨上面是一种文字,进一步确认其为殷商时期刻在甲骨上的文字。

当然,田野中的发现如果没有书面文献对殷商历史知识的储存和熟通,也不会一下子悟出它是远古时代古文字的重大发现,正因为田野发现与书面文献相对照、相印证,一批中国历史学家加上日本学者共同研究辨认,才完整地还原出殷墟刻辞,找出了甲骨文记载殷商时代治国安民及战争征伐等的真实面貌,从而诞生了古文字学科和罗振玉、郭沫若等一批杰出的古文字学家。

20世纪初,甘肃敦煌莫高窟等艺术壁画、甘肃张掖西夏文汉文双语石碑、内蒙古宁夏交界处黑水城西夏文献等,都是包括中外学者们共同长期关注田野调查的重大发现,从而产生了敦煌学、西夏学等。至于民间里、百姓家中,藏在夹壁墙或地窖中的家谱、密牒、少数民族的宗教文书如萨满文书、地契,特别是民族古文字记载的史诗、民歌、祭祀词等,里面有许多文献中国学里没有记载的宝贵历史信息、文化密档,这是不走田野就根本发现不了的千古民族文化,有些就是某个民族的核心密码,极其珍贵而又极能证明历史的真实。

最后要说的就是丰富的汉语方言和少数民族语言,这些正在使用着的语言、方言是鲜活的民族历史、民族文化。我们常说,语言是民族文化的深层透镜,是一个民族装不了假的微观文化。语言是我们走进田野研究中国学的最理想的民族文化载体,语言或方言中保存着大量的不同历史年代的民族文化发展信息,具有相对独立性的变化缓慢的语言真实地记录或反映着很久以前的民族文化、风俗或不同民族间交往、交流、交融的状况,所以,细腻地记录一个地方的方言、一个民族的语言,就是在给中国的民间文化做历史拍照,做抚今追昔的历史钩沉。

美国著名人类学家兼描写语言学家萨丕尔有一句名言:"语言的背后是有东西的,而且语言不能脱离民族的文化而存在。"后来的美国描写语言学领袖、美国语言学圣经《语言论》的作者布龙菲尔德也说"我只用阐明事实的方法",即研究直接观察到的现象。

可见，走进田野调查描写直接观察到的语言事实，尤其是在抢救印第安诸少数民族语言中发现的人类学民族学发展特征，正是美国描写语言学能够领先世界的原因所在。熟用田野调查的描写语言学，分析从历史演变而来的带有时间层次和民族发展轨迹的微观文化，再预测人类文化的未来走向，正是田野调查和描写语言学研究美国人类学的成功之处。当然，通过中国各地区各民族的田野语言研究，也能勾勒出中国微观文化的过去写照，还能展望中国学发展的一些未来文化发展走向。

综上所述，田野中国学的学科意义已经不言自明，创建此文集可谓顺时代之风，恰逢其时。愿此文集在习近平弘扬中华优秀传统文化思想的指导下，为中华文化的研究开辟出一条持久补充文献中国学的学术之路，让中华优秀传统文化的弘扬不仅在书斋闪烁，也在民间发光，共同为中华民族的文化自信、为实现中华民族伟大复兴的中国梦做出贡献。

赵　杰

东北大学中国满学研究院院长

中国人类学民族学联合会副会长

中国少数民族双语学会常务副会长

2019 年 12 月

# 目 录

## 田野中国学理论

关于建构"田野中国学"的几点思考/谭必友 …………………………… 3

## 历史人类学田野考察

五溪巫傩考察综述/李怀荪 ……………………………………………… 15

梅山"千家峒"的田野考察/孙文辉 ……………………………………… 50

## "非遗"保护调查

村落仗鼓舞传承人：现状、问题与对策
——湖南省张家界市桑植县白族村落仗鼓舞传承人的
田野调查报告/张卫民　张　微　邹文佳 …………………… 83

黑龙江地区满语言传承的"活化石"
——黑龙江省孙吴县沿江满族达斡尔族乡四季屯何世环的
田野调查报告/郝庆云　姜小莉 ………………………………… 102

## 民族民间音乐舞蹈艺术研究

打油鼓：作为祭神表征的仪式及其场域的扩散/熊晓辉 ……………… 117

架设在田野中的话筒架
——针对侗族大歌声学测量田野调查的"田野调查"/张应华 ………… 133

### 社会文化研究

朱苦拉咖啡社会文化网络研究/郭周卿　杨正文 …………………… 151

### 政策研究

文化人类学思维怎样直面湘西龙山的精准扶贫工作
——基于农车镇哪咱等九村的实地调查/廖君湘 …………………… 165

田野中国学理论

# 关于建构"田野中国学"的几点思考[*]

谭必友[**]

晚清甲午战败,使中国知识分子终于从二十多年的洋务运动中醒了。醒来的第一件事情,就是引进西方的社会科学,政治学、法学、哲学、历史学、社会学、经济学、人类学、语言学、民族学等相继而生。中国终于从传统的人文学术走向人文与社会科学相辅相成的新学术时代。检视这一百多年来的学术历程,对于我们今天的学科发展,特别是总结成绩、创新未来有着极为重要的意义。倡导"田野中国学"的研究,也正是基于百年学术实践检讨的一个设想。本文标题,名为思考,其实不过浅析,有所议论也仅为倡议而已,不当之处在所难免。希望以此达到抛砖引玉之效。田野中国学能否畅行,有待大家指引。

## 一、中国文化研究中逐渐出现的裂痕与隐患

为什么要倡议"田野中国学"研究?这是不是我们仅仅出于标新立异的想法而突发奇想?不是。如果我们对近百年来与文化相关的学科进行反思,我们就会自然而然地认同"田野中国学"所包含的学术旨趣。那么近百年来的文化研究,到底有什么值得我们反思的问题呢?百年文化研究成绩突出,影响巨大。但是,我们在这百年学术实践的反思中,也意外地发现,在弘扬中国文化的同时也引发了一些意想不到的严重问题。其中一个是文化"裂痕",另一个是文化价值大小的争论(这种争论也预设了某种裂痕)。这两个问题都给中国文化研究埋下了长期而巨大的隐患。这些隐患是每一个文化研究者都不想看到的后果。

---

[*] 本文原刊于《北京市行政学院学报》2013年第2期。
[**] 谭必友,东北大学秦皇岛分校教授,湖南师范大学教授,民族学与人类学研究中心主任,博士生导师,巴基斯坦旁遮普大学客座教授,研究方向为田野中国学。

（一）中国文化研究中出现的裂痕：汉族与少数民族文化二元分割的不当预设

对少数民族历史与文化的研究古已有之。但是古代研究的主要目的是实现对少数民族的更好统治，记录的内容以历史事件、地理与风俗为主。真正对少数民族的历史与文化进行科学、全面、系统的研究，还是自人类学、民族学传入中国之后才开始的。从19世纪20年代末期民族学与人类学对国内少数民族开展有系统的调查算起，其后二十余年中，在研究成果的归类中，学者们一直严格地使用民族学与人类学的国际通行术语。中华人民共和国成立后，这个规则逐渐被"少数民族研究"所取代。中华人民共和国成立初期，基于行政管理上的需要，党政部门大量使用"少数民族工作""民族工作""民族事务"等术语，随后学术界逐渐跟进，使用"少数民族语言调查""少数民族历史调查""少数民族文化调查"等词语，加上国内学科调整，人类学、民族学渐次被取消，少数民族研究逐渐成为一个通行的学术研究类型。20世纪80年代以后，以"少数民族"为主题词的研究成果蔚为壮观。在这个基础上，国内还出现了一大批近乎标准的"少数民族史""少数民族文化史""少数民族文化概论""中国民族史"等概论性的著作。这些著作将"少数民族"作为一个统一的类别而捆绑在一起，并成为中国学术话语中的一个"约定俗成"的研究对象。由这个约定俗成，又引出另一个约定俗成，那就是在中国历史与文化的研究中，形成了一个二元分割的框架结构：中国传统文化与中国少数民族文化二元分割。比如研究中国传统文化，必然指的是以中国古代经典文本所讨论的文化，有人概括说，就是以儒家文化为核心的汉文化，也有人说就是儒释道文化。总之，中国传统文化研究很少涉及少数民族文化传统。少部分学者在中国传统文化研究的概论书籍中，为少数民族文化留下一点空间，也只起到点缀的作用。我们的问题是，为什么要这样划分呢？对中国文化的二元分割的理论预设是否科学或准确？

为什么汉族文化被看成一个类型，少数民族文化被看成另一个类型？很多学者认为，少数民族文化之所以是一个类型，就是因为他们都是少数民族。可是，少数民族之所以是少数，与文化影响的大小无关，而是取决于民族人口在国家中的比例。中国55个少数民族，分布区域包括了中国的东南西北中，各个地区包括了数十种语言，相互之间差异极其遥远，强行把这些相差十分遥远的文化扭在一起成为一个"实体"的做法，既不符合现实情况，也人为地在中国制造了一种二分结构的文化图景。这种二分的文化图景必然引发文化裂痕，并给国家的统一与完整带来分裂隐患。

（二）中国文化研究中出现的争论：大传统与小传统之间的文化主次争论

中国民俗学、中国民间文学与人类学等学科在研究中国民间文化时，其遭遇与民族学、人类学探讨国内少数民族文化很相似。民间文化的学术研究价值被其他学科定位为辅助性地位。在20世纪前半叶，中国的民间文化研究已经取得很大成就。中华人民共和国成立以后，在社会学、人类学等学科被宣布为资产阶级伪科学，被打倒、被禁止研究的时候，民俗学（尤其是民间文艺学）因为是民间的东西，在钟敬文先生等人的努力倡导下，却没有被禁止，民间文学、民俗学则一直在不中断地研究。[①] 但是，这门学科的命运似乎并不是很好。20世纪80年代以后，在国家历次修订学科目录的过程中，民俗学、民间文学等学科一直没有找到自己合适的学科位置。据说民间文学曾经从教育部的学科目录中被删除了，后经过多方努力，才搞出一个"民俗学（含民间文学）"的特殊措施。[②] 出现这种现象的原因，就在于中国读书人头脑中关于文化的约定俗成的结构。这种结构可以在很多学者的著述中找到印证。

一些学者在讨论宗教与伦理时，将美国人类学家雷德菲尔德的大传统与小传统理论运用于解读中国的文化传统，"大传统就更为重要。大传统规范、导引整个文化的方向，小传统提供真实的文化素材……所谓中国文化基因的形成，正是主要在大传统逐步分离出来以后逐步形成的。早期儒家思想正是这一大传统发展的结果"[③]。此处所言大传统就是文本化了的儒家文化及其他经典文化，小传统正是我们所讨论的民间文化。在这些学者看来，民间文化仅仅是大传统。这种思想几乎成了中国学术界的一个常识性看法。所以，民俗学也好，民间文学也罢，其实都找不到自己的学科归属。1997年以来教育部颁发的学科目录中，这两个学科都被纳入与它们相隔很远的社会学学科之中。而与"民间文学"最相近的中国文学学科怎么不要它的这位亲姊妹呢？这正反映了学术界对"大传统"正宗地位的不恰当认知。

然而，对于民间文化到底具有什么样的学科地位，在文化传统中，到底是文本化了的经典文化是大传统，还是这些实实在在的田野中的活态传统文化是大传统？显然这原本就是一个需要进一步深入讨论的学术难题，不是短短几百字的逻辑推理就能下结论的。所以，针对这类观点，有学者出来加以重新检讨，并得出相反的结论："上层

---

[①] 万建中：《钟敬文先生对中国人类学发展的贡献》，见白庚胜、向云驹：《民间文化大风歌：钟敬文百年华诞纪念文集》，394页，银川，宁夏人民出版社，2005。

[②] 王泉根：《学科级别：左右学术命运的指挥棒？》，载《中华读书报》，2007-07-04。

[③] 陈来：《古代宗教与伦理——儒家思想的根源》，13~14页，北京，生活·读书·新知三联书店，1996。

文化与下层文化一样，都是人类文化的创造，而且下层文化是成千上万人的创造，而上层文化只是少数几个人的创造，上层文化是被下层文化决定的……下层文化更为本质、更为本色、更为基础，当然也就更为重要。"①

（三）"国学热"背后的学理缺陷，使文化研究中的裂痕与争论进一步明显

在中国文化二元分割的学术架构因缺乏学理上的质疑而得到广泛运用时，国内再度兴起了"国学热"。国学的兴起，进一步将汉文化提到国家品级的高度，而将少数民族的文化传统打入非国家级的、地方性、民族性的层次，人为地对原本都应该属于国家级的各民族传统文化进行了三六九等划分。由于民族学与人类学在国内学术界影响较小，在文化研究中声音不够响亮，这种属于启蒙时代的、带有旧社会民族歧视性的学术分等成为今天中国学界的"约定俗成"。正是这种学术分等引起了一些学者，包括汉族和少数民族学者的警觉。所以说，由对中国传统文化的二元分割、再到国学兴起后对这种分割结构进行国家级与非国家级的等级划分，很可能引起国内文化的分裂，人为地在汉族与少数民族之间制造裂痕。长此以往，必然不利于国家的统一与多民族之间的团结。因此，调和有关传统文化二元分割结构、弥补"国学热"背后的学理危机，成为我们这个时代的一个学术难题。

国学的再度兴起，还预置了另一个学科歧视，那就是把文本化了的典籍文化上升到"国"的品级，也就无意中宣布了民间文化的从属地位。存在于中国人民生活中的文化传统还能不能发展？有没有重要的意义？很多大学国学院的举办，更是起到推波助澜的作用，在一般民众看来，国学研究与传播成为"中华文化伟大复兴"的唯一途径。可惜的是，在现代人文与社会科学兴起之后，这几乎是一种一厢情愿的幻想了。

国学兴起背后隐藏的这两个理论预设及其学理缺陷，成为一个必须解决的大问题。国学还要不要继续搞下去？能不能继续搞下去？如果要继续发展，应怎样弥补现存的学理缺陷？田野中国学就是在这种背景下被提出来的。

## 二、田野中国学研究的意义

（一）田野中国学可以修复文化研究中的二元分割裂痕及其隐患

自从国学复兴以来，国学运动便以星火燎原之势席卷中国的各层次文化教学与科

---

① 朱炳祥：《社会人类学》，190页，武汉，武汉大学出版社，2004。

研机构以及其他各种领域,连各种层次的企业经营培训都纷纷打出"国学与管理"等大旗。但是国学运动使文化研究中的"大传统"与"小传统"、"中国传统文化"与"少数民族文化"这两对二元分割而导致的文化裂痕进一步尖锐化、扩大化了。可是,无论是"国学"一词,还是"中国传统文化"一词,都有一百多年的使用历史,要修改这两个概念,无论是从感情上,还是从实际操作上,估计都没有可能性。但我们又不能无视文化研究中二元分割裂痕进一步发展下去。怎么办?田野中国学的使用,正好可以修复文化研究中已经存在的裂痕。

第一,田野中国学把无论是汉族还是其他少数民族的活态文化都统一在一起,这样,大家都具有了"国家级"品质,都是中国的传统文化。在田野中国学里面,至少从学理上来说,不存在强行将少数民族的文化捆绑打包在一起的现象了。通过这个学术提升工作,我们就可以逐步修复在文化研究中无意引发的裂痕。通过田野中国学将汉族的传统文化与其他各民族的传统文化很好地统一成一个有机整体。

第二,田野中国学解决了学术界关于"国学"与"民间传统"之间谁更重要的学术争论。因为,国学是"国家级"品质,田野中国学也是"国家级"品质。这样大家不必为自己所研究的学问到底是重要的还是次要的而做无益争论,各自潜心做研究工作,各方通过自己的研究成果来证明自己学科的重要意义。

文化裂痕一旦存在,如果不加以修复,就会产生越来越大的隔阂。社会中出现较大动荡,总可以在其前期出现的文化裂痕中看出前兆。中国要实现文化复兴,保持文化的统一性与完整性是一个基本的前提。田野中国学以此为文化使命。

(二)反思学术实践,寻求学科提升,是推动学术创新的一个环节

提出"田野中国学"研究,并非我们一时心血来潮的倡议。早在20世纪80年代,钟敬文先生在参与当时的文化大讨论时就提出过类似的主张。钟先生说:"从30年代起,我就注意到广大民众自己所创造、享用和继承的文化并且创用了'民间文化'这个新术语。我曾经为一个教育刊物编辑了'民间风俗文化专号'……我甚至拟用这个名词去代替'民俗'一词,而把民俗学称为'民间文化学'。……近来有些美籍华裔的同行,也赞成用'民间文化学'代替'民俗学'术语的想法。"[①] 钟先生试图通过"民间文化学"这个术语来提升民俗学的中国研究,我们则是企图通过"田野中国学"这一术语来提升有关中国社会中活的传统文化的研究,为民族学、人类学、民俗学等学科的中国研究提供更加广阔的舞台。

---

① 钟敬文:《话说民间文化》,2~3页,北京,人民日报出版社,1990。

"民间文化"与"少数民族文化"这些学术名称给人们留下的次要性地位的普遍印象,还容易产生两个不好的后果:一是直接影响了读者的阅读偏好,读者在选择阅读时,对"民间文化"与"少数民族文化"常常采取"猎奇"的阅读心态,认为这些学问对人的素质或能力的提高没有实质性意义。二是读者的阅读偏好进一步影响了这些学问的研究队伍,研究者大多底气不足。有学者反映,许多大学在开课时,都将这些带有"民间"性质的课程列为任意选修课,在专业选修、必修课里面很难找到这些课程。也有学者开玩笑说:"现在有人问我研究什么,'你的专业内涵,研究的领域是什么?'我真的感到很脸红。我不知道我研究什么。我真的是为了混口饭吃,真的是这样。……我真的不知道研究什么。"[①] 学者们当然知道自己的研究目的及其价值。不但知道,而且非常执着。但是由于外界对这个领域的研究有太多的先入之见,学者们要说清自己的研究工作那真是一件很难的事情。所以,有时候除了自嘲与开玩笑以外,似乎没有更好的解释办法。这就是学科命名不当所造成的学科尴尬。

## 三、田野中国学的研究对象

(一)田野中国学的研究对象是什么?

田野中国学就是研究存在于中国人现实生活中的文化及其传统。命名为田野中国学,包含以下三方面的含义。

第一,这些文化及其传统存在于田野中。简单来说,这些文化不是以文字的形式著于中国古代的典籍中,而是以民俗、口承传统、生活方式以及部分文字等存在于中国人的现实生活中。这些文化是中国老百姓生活的一部分,是一种活的文化,既与传统文本(典籍)中的文化有一定联系,又与这些文本(典籍)中的文化保持着很明显的界线。这些文化与许多学者借用雷德菲尔德所使用的"小传统"有某种一致之处。

第二,这些文化不论其所处地域,也不论其属于哪个民族,都是中国文化的一部分,是中国文化的有机构成。其中优秀的传统,也一定代表着国家的利益。

第三,这些文化由于是活生生的现实的一部分,并没有完整的文字表达,对他们的研究、认识、利用与发扬,都需要借助田野作业才能完成。离开田野作业,对这门学问来说,就失去了研究的可能。

以上三点说明,田野中国学不仅表明它的研究对象是活态的文化,对它的研究也

---

① 万建中:《民俗学的学术指向和前沿问题》,载《神州民俗》,2011(5)。

必须借助田野作业的方法才能完成。也就是说，从研究内容到研究方法都具有名副其实的"田野"特性。

（二）田野中国学研究的七主题

所谓田野中国学研究的三大领域，就是各民族传统文化、各地域文化、宗族文化。由这三大领域又引出另外四个课题，即各民族历史遗产研究、文化遗产与非物质文化遗产及其保护研究、中国民俗传统研究、田野中国学与国学互动史研究。以上三领域四课题，我们合称之为"七主题"。

1. 中国各民族传统文化研究

自 20 世纪 80 年代以来，几代学者经过了三十余年的艰苦科研，已经使这门学问很成熟了。也可以说，正是这个学问的广泛深入开展，为我们今天提出田野中国学打下了坚实的基础。除少数有文字的民族以外，中国大部分民族都没有自己的文字，民族的文化一直依靠各种仪式、生活过程、行为方式、口头传统等实现传承。这些文化必须借助学者的田野作业才能呈现出来。

2. 中国地域文化研究

中国是一个历史悠久、文化多元的国家，通过历代中央王朝的统治，建构了国家文化统一体。在这个统一体中，各个区域性社会也通过培育自己的精英、发展自己特色的文化载体、标榜自己的价值追求等方式，形成了各具特色的地域文化。诸如人们公认的中原文化、三秦文化、燕赵文化、中州文化、齐鲁文化、三晋文化、湖湘文化、蜀文化、巴文化、徽文化、赣文化、闽文化、荆楚文化等。当然，现实生活中，人们还习惯于以更小的地域范围来命名地域文化，如凤凰文化、平遥文化、丽江文化等。

3. 中国宗族精神及其成就研究

有学者认为中国宗族制度产生于商周时代，定型于汉朝。这样说来，宗族制度是中国历史上唯一一个培育时间最长、从未间断的群众自组织制度，而且盛行于中国绝大多数民族之中。这种制度曾经是最有生命力的自组织制度。由于毛泽东把这种制度列为压在中国妇女头上的四座大山之一，[①] 中华人民共和国成立后，这种制度受到了前所未有的批判与破坏。加上近几十年以来持续推进的城市化与工业化运动，中国的宗族制度事实上已经处于瓦解之中。[②] 作为制度，它的命运是相当暗淡的，但是，作为一

---

[①] 毛泽东：《毛泽东选集》（第一卷），32 页，北京，人民出版社，1991。
[②] 谭必友：《古村社会变迁——一个话语群的分析实验》，123~131 页，北京，民族出版社，2005。

种文化，即使这种制度解体了，它依然与中国人的世俗生活融合在一起。这种文化的价值我们姑且不论，就说它的影响。在中国历史上的书籍中，发行量最大、版本最多、再版最频繁的莫过于宗（族）谱。这是目前全世界最大的奇迹之一。同样，中国古代数量最多的公共议事场所是宗族祠堂，其所议之事绝不限于宗族事务。这是中国人的一笔巨大财产。

4. 中国各民族历史遗产研究

我国多数民族都有一个长期的受中央王朝征服与压迫，以及各民族反抗侵略、反抗压迫的斗争历史，汉族也不例外，也有多次抵抗其他民族政权侵略与凌辱的历史。这些不平等的历史记忆成为各个民族生活中一个重大的价值取向。我们把这些包含了民族价值取向的、抵抗强权侵略的口述传统视为历史遗产。这样的历史遗产既真实地反映了作为多民族国家的中国，在完成多民族统一的过程中所走过的艰难曲折的道路，又给我们今天的统一带来诸多学理上与法律上的难题。这些问题历史上很少引起讨论，并不是历史上的中央王朝很受被征服的民族的欢迎，而是历史上作为单一民族的许多少数群体，还没有发展到文化的全面觉醒阶段，所以这些问题不会被普遍提出来。今天，经过六十多年的社会主义实践，各民族都完成了文化自觉，这些问题就无法回避了。如何超越中华人民共和国成立以后我国学术界建立起来的"民族起义斗争"的历史遗产研究框架，成为今天民族文化研究中的重大课题。

5. 文化遗产与非物质文化遗产及其保护研究

中国文化遗产与非物质文化遗产都极其丰富。一方面这些文化遗产本身需要进一步发掘利用，另一方面这些遗产有许多处于濒危状态，因此需要我们深入开展保护研究。目前，有关这方面的研究活动及成果，还没有明确的学科归属。有学者把这项研究活动纳入民族学范畴，有的学者将其纳入民俗学或人类学研究范畴等不一而足。依笔者看，在中国，它的最恰当的学科归属就是田野中国学。

6. 中国民俗传统研究

民俗研究原本与上面诸课题有交叉、重复之处。但正因为与它们是交叉关系，所以还是有必要单列为一种类型。有关这个课题重要性的研究及其内容都已经得到学者们广泛讨论，在此不赘述。

7. 田野中国学与国学互动史研究

田野中国学与国学之间没有明显的界线。如果去掉价值判断，国学就其本质来说，其实是写在文本中的文化传统。而田野中国学则是通过田野作业建构的文化传统。在西方历史学中，分别使用"Written History"与"Prehistory"两个词语来区分文明史与史前史两个领域。我们不妨借鉴这个学术划分方法，把国学与田野中国学分别用

Written Chinese Studies 与 Field Chinese Studies 两个词组来表示。通过这种对比，可以更清楚看清两者的学理关系。这两者之间，长期处于相互影响、相互渗透之中。

（三）田野中国学的研究方法

田野中国学这个学名本身就暗示了它的研究方法必须借助田野方法，或者叫做田野作业。西方学者使用的 Fieldwork、Field Study 等，就是人类学、民族学、民俗学、考古学等学科使用的田野调查方法。田野调查方法在以上学科中已经发展得非常成熟，田野中国学就是借助这个方法进行研究工作。我们使用"借助"这个词，还因为田野中国学研究除此以外也需要运用其他多种研究方法。只是，无论采用什么样的研究方法，都不能离开基本的田野作业。田野作业贯穿整个研究过程，是最基本的方法，是"必须"借助的方法。

## 四、田野中国学与相邻学科的关系

以教育部 1997 年颁布的《授予博士、硕士学位和培养研究生的学科、专业目录》（全国）为依据，最为紧邻的一级学科有民族学，二级学科主要有人类学、民俗学（含民间文学）等；次一级邻近的二级学科还有考古学、专门史、中国哲学、宗教学、伦理学等相关学科。田野中国学与这些相邻学科是什么关系？

第一，田野中国学不是一门独立的学科，至少目前不是。而我们列举的这些相邻学科，不仅仅有自己独特的研究对象、理论与方法，而且还是中国官方颁布的标准的学科成员，是一个标准的学科名称。这种官方学科身份决定了它们有一套标准的教学与科研程式。但是，田野中国学仅仅是一个对象，将来能否形成一个标准学科，现在还无法判断。它的命运与国学的命运完全一样。

第二，由于田野中国学只是相邻学科的研究对象，它与相邻学科之间是学科理论方法与研究对象的关系。相邻诸学科从西方传入一百多年来，在研究中国现实社会的过程中，既有这些学科的一般特征，又形成了中国的个性。它们有自己的学科追求，要解决的问题不完全是探索中国的传统文化，而且还要解决一些带有全人类普遍规律性的问题。当这些学科重点在阐释中国文化传统时，则与田野中国学是重合的；当它们探索人类发展变迁中的一般规律时，则与田野中国学保持了距离。

第三，田野中国学不是社会科学，而是人文科学。关注并发扬传统文化，努力通过田野作业阐述中国文化的伟大传统及其现实意义，是这门学科的主要追求。它的相邻学科大多是社会科学，或者兼具社会科学与人文科学两种特征。

历史人类学田野考察

# 五溪巫傩考察综述

李怀荪*

　　五溪是沅水中、上游广大地域的泛称，因这里沅水的五条主要支流而得名。郦道元《水经注》曰："武陵有五溪，谓雄溪、樠溪、潕溪、酉溪、辰溪。"① 雄溪，今称巫水，发源于城步县东巫山西南麓，北流经绥宁、会同，在洪江注入沅水；樠溪，今称渠水，源出贵州省黎平县地转坡，向东北流经通道、靖州、会同，在托口注入沅水。潕溪，今称㵲水，源出贵州省福泉县罗柳塘，向东南流经黄平、施秉、镇远、岑巩、玉屏、新晃、芷江、鹤城、中方，在黔城注入沅水；酉溪，今称酉水，源出湖北省宣恩县椿木营，向西南流湖北来凤，重庆酉阳、秀山，湖南龙山、保靖、古丈、永顺，在沅陵注入沅水；辰溪，今称辰水，源出贵州省江口县梵净山西麓太子石，经万山特区进入麻阳，在辰溪注入沅水。这五条溪流的水，最后都汇聚沅陵而北去，经常德注入洞庭湖，直至长江。

　　五溪的地理位置属于云贵高原与东南丘陵的过渡地带，民族构成属于西南少数民族与东南汉族的交汇地带。五溪自古以来巫风盛行。从20世纪80年代末开始，笔者前后用了十年时间，以沅水上游的会同、洪江、黔阳等地为重点，几乎走遍了五溪的山山水水，较系统地对五溪巫傩进行了全面的考察。笔者了解到，五溪这片成就过大巫屈原的土地，自宋、元以后，特别是元末明初，大量以江西人为主体的汉族移民来到这里，带来了产生于中原的"傩"。中原的"傩"和本土的"巫"异曲同工，同样是

---

*　李怀荪，湖南会同人，怀化市艺术馆副研究馆员（退休）。先后加入中国作家协会、中国戏剧家协会、中国民间文艺家协会、中国傩戏学研究会，长期从事湘西历史文化研究，进行田野考察前后十余年；主编有《辰河戏志》《目连戏论文集》，并为主要撰稿人；著有《观音醮与辰河木偶戏〈香山〉》，编有《梅山虎匠科仪本汇编》；在海内外发表有关巫傩的论文有《五溪地域巫文化的变迁和傩神东山圣公·南山圣母》《湘西的土地神和祭赛》《送瘟之船——傩仪"掳瘟"刍议》等二十余篇；曾在湖南日报开辟个人专栏《五溪漫话》，文稿即将结集出版；著有反映湘西历史文化的两卷本长篇小说《湘西秘史》。

①　（北魏）郦道元：《水经注》卷三十七，"沅水"，204页，北京，中华书局，2009。

以"驱瘟逐疫"为主旨的原始宗教，它们相互结合，便形成了我们今天尚可见到的"巫傩"。值得注意的是，江西移民在带来"傩"的同时，也将那里盛行的正一派道教带到了这里。在本土的"巫"衍变为"巫傩"的过程中，巫师们试图学习正一派道教的科仪，对新诞生的"巫傩"进行规范。因此，在整个五溪地域所有巫师实施的傩仪，大同小异，都是按照正一派道教斋醮的仪轨，添加"巫傩"的内容，稍加变通，世代流传至今。其中以沅水上游的会同、洪江、黔阳等地保存得最为完好。因此，本文的写作亦以沅水上游的"巫傩"事象为主轴，适当兼顾其他地域。五溪各地的傩仪形制虽大体一致，但各地演唱的傩戏却不尽相同，本文分别进行了记述。必须说明的是，本文表述的所有内容，皆为笔者多年来田野考察所得，仅有重庆酉阳的面具阳戏、贵州岑巩（思州）的喜傩神两种傩戏，未进行过实地考察。为了完整地体现五溪巫傩的全貌，根据相关资料撰写成文，特此说明。

## 一、从"巫"到"巫傩"

五溪的巫文化源远流长。在高庙遗址，发现了距今7000年前的大规模祭祀场所——两座双阙式建筑遗迹，还发现了人祭坑、牲祭坑等，这些都可以归纳为巫文化的范畴。到了战国时期，伟大的诗人屈原行吟于沅湘之间，以这里的巫觋神词为素材，创作了千古不朽的诗篇《九歌》。以《东皇太一》《云中君》《湘君》《湘夫人》《大司命》《少司命》《东君》《河伯》《山鬼》《国殇》《礼魂》十一个篇章，勾勒出了一幅当时中国南方少数民族地区绚丽的巫文化画图。

同样在春秋战国时期，中原出现了与巫文化异曲同工的傩文化，《论语》中有"乡人傩，朝服而立于阼阶"[1]的记载。《周礼》更是对古老的傩仪做了生动的描述："方相氏掌蒙熊皮，黄金四目，玄衣朱裳，执戈扬盾，师百隶而司傩，以索室逐疫。"[2] 在当时的中原地区，"傩"作为一种驱瘟逐疫、纳吉迎祥的仪式，受到广泛的信奉，几乎是无处不在。上到皇宫，有"天子傩"，下到民间，有"乡傩"，就连军队里也有"军傩"。

自汉、唐以后，汉人通过各种途径，陆续进入五溪。特别是元末明初的"扯江西，填湖南"，大量江西移民来到这里。历史上，江西人较湖南人更早接受了中原文化，其中就包括了中原的"傩"。傩文化随江西人进入五溪以后，使得这里土著的"巫"，与

---

[1] 见《论语·乡党第十》。
[2] 见《周礼·夏官·方相氏》。

汉族人的"傩"相融合，逐渐衍变为"巫傩"，并产生了三大变化。

一是以汉人"傩"的形式体现土著"巫"的内容。首先，以往的"巫"，用的是少数民族语言，而"傩"，则用的是汉语。五溪境内所有的巫师，不论是土家族、侗族、瑶族巫师，都是以汉语行傩的。即使是汉语不通行的地方，也是以汉语行傩。只有苗老司略有不同，仅"巴代扎"使用汉语，"巴代雄"仍使用苗语。土著巫师以汉语行傩，敬奉的却是五溪的土著神祇，诸如盘古大王、盘瓠大王、飞山大王、白帝天王、八部大王、溪峒主、三洞梅山、四官大王、杨五将军、伏波将军等。久而久之，在五溪的傩坛上，便不见了屈原《九歌》中出现的那些神祇。

二是从正一派道教中吸收营养，对土著的"巫"进行规范。江西是道教祖庭龙虎山的所在地，江西移民中不乏正一派火居道士，使得正一派道教在五溪得到迅速普及。五溪土著的"巫"属于原始宗教，而正一派道教已经是成熟的人为宗教。原始宗教向人为宗教靠拢，形成了不可阻挡的趋势。正一派道教将法事分为"东宫"和"西宫"。东宫法事称为"打醮"，旨在祈平安，禳灾疫；西宫法事称为"做道场"，旨在超荐、度亡。这里的本土巫师也将法事分为"武教"和"文教"，武教法事称为"冲傩""还傩愿"，旨在驱瘟逐疫，纳吉迎祥。文教法事称为"做道场"，旨在超荐、度亡。就这样，道教和巫傩变成了基本相同的格局。再就是正一派道士和这里本土巫师的种种法术，诸如符箓、咒语、罡步、手诀、纸马、文疏等，既保留了各自的传统，也多有相似之处。这里巫师行傩时的仪式程序，除了保留有若干自然宗教的事象以外，也从正一派道教的仪式中吸收了营养，对巫傩的宗教行为进行了规范。

三是出现了土著和汉人共同信仰的傩神——东山圣公和南山圣母。下文专题叙述。

## 二、东山圣公和南山圣母

汉人进入五溪地域，带来了傩文化，使这里的"巫"成为"巫傩"。汉人和土著寻找到了一个共同点，共同创造了一个各民族都共同认可的傩神——东山圣公、南山圣母。

东山圣公和南山圣母，就是汉人所说的伏羲和女娲，源起于上古《洪水滔天，兄妹成婚》的神话传说。唐人李冗的《独异志》是这样记述的："昔宇宙初开之时，只有女娲兄妹二人在昆仑山，而天下未有人民。议以为夫妻，又自羞耻。兄即与妹上昆仑山，兄曰：'天若遣我兄妹为夫妻，而烟悉合。若不，使烟散。'于烟即合，其妹即来就兄。"① 这里所说的昆仑山，据相关专家学者研究，并不是青藏高原的昆仑山，而是五溪地域的雪峰山。这里的苗、土家、侗、瑶等少数民族，都有内容相同的类似传说，只是不叫伏羲和女娲。苗族称其为巴龙、乃龙；土家族称其为雍尼、补所；侗族称其为姜良、姜妹；瑶族称其为东山大哥、南山小妹。这里流传的相关故事，较《独异志》的叙述更为详尽：洪水滔天，人类灭绝，世上仅剩下兄妹二人，一个在东山，一个在南山。人类不能就这样灭绝啊！妹妹提出要和哥哥成婚，人类才能繁衍。兄妹成婚，大逆不道，哥哥说什么也不答应。于是，妹妹设计，说服哥哥。除了前述引文中说的，两股烟子在天上聚合以外，兄妹二人还分别从东山和南山各滚下一页石磨，两页石磨居然也在山下聚合了。哥哥这才顺从天意，答应和妹妹成婚。民间流传的故事，说的是妹妹主动，这显然带有母系社会的痕迹。

就这样，当"巫"变成"巫傩"时，五溪的土著和外来的汉人从共同拥有的古老的传说里，找到了共同点。今湘、黔、鄂、渝四省（市）毗连广大地域群众共同信奉的傩神，就这样诞生了。其全称的神号是："天下之名山大川，五天五岳圣帝，五盟皇后夫人。东山圣公大帝，南山圣母娘娘。"俗称圣公为傩公，圣母为傩娘。

五溪巫傩对于傩公、傩娘神像的造型颇有讲究。这一对结为夫妻的兄妹，哥哥羞赧难当，是红脸；妹妹坦然面对，是白脸。由于傩公神号为"五天五岳圣帝"，他的神像要凸出八个部位，称为"三山五岳"。凸出的眼珠为明月山，凸出的眉毛为须弥山，凸出的头顶为太罗山，合为"三山"。凸出的下颚为东岳，凸出的右颊为南岳，凸出的前额为西岳，凸出的左颊为北岳，凸出的鼻子为中岳，合为"五岳"。这里的巫傩认为："三山"是阴冥极乐，"五岳"是人间仙境。在傩公神像的造型上得到了完美体现。

傩神东山圣公、南山圣母神像还有一重要特点，明人史惇《痛余杂录》中有载："（巫傩）所供神像，有头而无躯者。"② 光绪《黎平府志》对此做了更详细的描述："端公所奉之神，制二鬼头，一赤面长须，曰师爷，一女面，曰师娘，谓之伏羲、女娲。临事，各以一竹承其颈，竹上下两篾圈，衣以衣，倚于案左右，下承以大椀。"③ 出现这样的特殊造型，是有原因的。在五溪地域，傩神是没有神庙的，而巫师班在行傩时，又必须设傩坛，竖神像，进行供奉。为了便于巫师班走乡串寨时随身携带，巫师们创造了这种有头而无躯，靠两个篾圈支撑，便于着装的傩神神像，且一直沿用到了今天。

---

① （唐）李冗：《独异志》卷下，转引自袁珂、周明：《中国神话资料萃编·开辟篇》，14页，成都，四川社会科学院出版社，1985。
② （明）史惇：《痛余杂录》，引自《知不足斋丛书》第二集。
③ （清）俞渭：《黎平府志》（光绪十八年版）卷二（下），"风俗"，"苗蛮"。

图1　东山圣公神像　　　图2　南山圣母神像

## 三、巫师与巫师班

旧时，乡人学巫习艺，一为家传弟子，学徒自幼随父兄行香走火并学艺。一为外传弟子，即传道于非亲非故者，通常需经人介绍。投拜时，需有一"保人"同行，备礼物糖、酒、米粑之类，同时要有一双布鞋。要写一式三份《投师帖》，一份在拜师仪式上焚烧，禀告祖师；师徒二人各执一份。学徒期限，一般为三年。学徒期间，一般都住在师父家中。行傩时，随师父外出，平时则帮师父家里干农活。每天夜里，都要在师父的指点下抄习文字，熟悉科范。学徒既要学习"内教"（行傩），也要学习"外教"（唱傩戏）。学徒期间，师父视情为徒弟确定唱戏的行当。徒弟既要学习唱戏，也要学打锣鼓。学徒无需向师父交纳学费。学徒随师行傩时，主东照例要给徒弟一份与师父同额的润资，这份润资由师父收取。只有巫师班其他全体均分的"外水"，才归学徒所有。徒弟学成，经过"抛牌过印"，便成为正式巫师。出师后，还要帮师三年。

巫师班是既行傩作法，又演唱傩戏的结构松散的民间组织。班主通常由有道艺、有声望的巫师担当。他既是班主，同时也是傩坛的掌教师。班主除了有布置傩坛的设施（如傩公、傩母神像，《总坛图》等），还必须置办一副戏箱，包括面具、服装、盔头和锣鼓。对外，他负责与主东的接洽和联络；对内，他负责巫师班的组织、傩仪和傩戏演唱的安排。平时，巫师都在各自的家中，做工、务农，只有在行傩时，才由班主临时召集。巫师班的人员并不固定，由班主视情况而定。巫师班的人数，有"七紧八松九逍遥"的说法,即七个人紧张一点,八个人就松活了,九个人便逍遥自在了。早年,巫师班的演唱,只限于傩戏,演唱的都是鬼神故事。后来,人们觉得太单调,开始演唱世俗故事的戏,叫做阳戏,与演唱神鬼故事的戏(阴戏)相对应。再后来,盛行于各地的花灯也为巫师班所接纳。巫师班的演唱因此形成了称为"阳、花、傩"的格局。自20世纪30年代开始,黔阳一带的巫师班还增加了辰河高腔的内容。因此,一些辰河高腔艺人,也加入巫师班的行列。巫师班的表演技艺也因此而得到提高。这时候,巫师班的人数也必须视情况增加了。

巫师班的财务分配。早年,主东付给的润资,班主拿三分之一,其余的三分之二由其余巫师均分,主东的行箱,在其中也算一人参与分配。辰河高腔进入,巫师班扩大以后,润资增加,主东再拿三分之一已不妥,便改由班主按照约定,给每个成员付工价。事实上,班主付的工资,只是他们收入的一部分。另有名目繁多的礼金、赏钱和供品实物(包括大量的稻米,还有雄鸡、猪肉、鱼以及布料等),都要按照约定俗成的规矩,按人头分发给所有成员。这时,班主通常都带有一个徒弟,连同行箱要分一份,他便占有三个名额。这些收入往往超过主东付给的润资。

旧时,每个巫师班都有自己相对固定的活动范围。以黔阳县为例,按照沅水的流向,分为"上十里""中十里"和"下十里"。"上十里"以黔阳县城为中心,包括托口、江市、原神场等地;"中十里"以洪江为中心,包括寨头、熟坪、沙湾等地;"下十里"以安江为中心,包括龙田、雪峰、湾溪等地。久而久之,不同的巫师班在各自的范围行傩作法,他们的傩戏演唱,也就逐渐形成了各自的风格。

## 四、冲傩、还愿、庆庙

巫师所做的傩仪旨在驱瘟逐疫,纳吉迎祥。其形式分为冲傩、还愿和庆庙。

(一)冲傩

冲傩,即惊动傩神,向傩神祈求。冲傩的缘由或为求福、为病痛灾星而设;或为求财、为生产贸易而设;或为求子、为无子乏嗣而设。这些都属"私傩"。届时要在堂屋的家先坛前再设立香案,供奉傩公、傩母。冲傩只有一天,或者是一晚,由一个巫师运作,不唱傩戏。

(二)还愿

还愿,是在冲傩应验之后,即或是病愈了,或是发财了,或是得子了,对神灵表示酬谢的仪式。这样的还傩愿，为一家一户进行，亦称为"私傩"。届时要请来巫师班，在主家的堂屋扎立傩坛，行傩作法，演唱傩戏。不搭戏台，演唱就在堂屋进行。时间一般为一天一晚。最为隆重的是大户人家的"还大傩愿"，即这家人或是某年的年成极好，或是某趟生意发了大财，要表示对神灵的酬谢。主家要在堂屋设立称为"桃源洞"的傩坛，要在门前的空坪搭立戏台。届时，主家所有的亲朋好友、街坊邻舍都要到场，表示庆贺。这样的傩愿，一般为三五日，多者可达十天半月，一般是夜晚行傩，白天演唱傩戏。除了唱傩戏以外，还要唱阳戏、跳花灯，即通常说的"阳、花、傩"。

（三）庆庙

庆庙，是为乡间神庙所祀神祇的生辰或忌日所做的傩仪。旧时，乡间多有土俗神庙，如盘古庙、盘瓠庙、飞山庙、梅山庙、四神庙、杨公庙、伏波庙、五通庙等。有的是一村一庙，有的是多村一庙。有的庙有庙田，庙田多为孤老故去后，将田产捐为庙田，所在村落每年以庙田出租所得作为酬神费用。没有庙田的神庙，则要由村寨里热心公益的"头人"挨家挨户进行募化，所得钱米作为当年神酬之资。这种庆庙，一般是一年一次，有的则是"三年两头庆"，即三年庆两次，民间称为"乡傩"。庆庙的时间，或五日，或七日，也有因资金宽裕，延长到十天半月的。届时必须请一个有实力的巫师班，因为所演唱的剧目较为复杂，还要到职业的戏班请角色。这些神庙一般都配有戏台。一般是晚上做法事，白天唱戏。一定要唱一出与该庆庙所祀神祇相对应的剧目，如庆杨公庙时，要唱《杠杨公》，称为"杠本庙"。庆庙的法事，一般都要进行傩仪的全堂科目。其名目有开庙、启建、发疏、立寨、架桥、迎圣、下马、飨茶（每日清晨必做）、送歇（每日夜晚必做）、上熟（此前吃斋此后可茹荤）、祭兵、发五猖、延烛（做多次）、掳瘟、敬本庙、开仓填库、送圣、化财、赈济、俯土和锁庙，共计二十一堂。其中"发五猖"一堂，系由一巫师偕同四村民，合扮为"五猖"，赤膊短裤，身脸涂锅黑，手执棍棒，至村中各家各户，敲墙打壁，即是由"五猖"替代方相氏，"索室殴疫"。再有"掳瘟"一堂，又名送瘟，主东制草船、纸船或竹篾船，谓之"干龙船"，在巫师作法后，由乡民驾船往村中所有人户家中游走。由一巫师随之做"收瘟"法事，并给每户人家分发"收瘟符"一张，贴大门上；"水符"一张，贴牛栏。游走完毕，至附近溪河边作法边焚烧，而后任其随河水漂走。这便是毛泽东《送瘟神》一诗中所说的"纸船明烛照天烧"。做"开仓填库"一堂时，要从庙堂的泥土里挖出上次埋下的铜钱，由众人分抢，而后再埋下新的铜钱，随即做相关法事，直至锁庙，一届庆庙才告结束。

图3 送瘟（三）瘟神牌位

## 五、傩坛

巫傩进行仪典的场所，称为"傩坛"，亦称"桃源洞"，即神仙居住的地方。不论私傩的冲傩、还愿，还是乡傩的庆庙，都必须设傩坛，即"扎桃源洞"。私傩的傩坛设在主东私宅的堂屋中，乡傩的傩坛设在祠庙的神位之前。两者的布置基本相同。

傩坛的香案上要供奉傩公（东山圣公）、傩母（南山圣母）神像。神像的身后，要悬挂一张《总坛图》。此图所绘神祇分三层。上层为"正神"，包括"三清"（玉清、上清、太清）、玉皇、皇母、东王公、西王母、盘古、东山圣公、南山圣母以及"四府"（天府、地府、水府、阳府）诸神。中层为傩坛先师，通常为三位神像，即行傩巫师"抛牌过印"时的三位先师：正老君、出法师和引坛师。下层为殇亡（非正常死亡）之神，主要是三洞梅山兵马、五路五猖兵马等。

傩坛的下坛必须安梅山之位。梅山神像为一裸身，头手着地、两脚朝天的男子。神像画在一块硬纸板上，扦插在一个盛着稻谷的盆钵中。

傩公、傩母的神像前，需置一神案，供插神香、摆供品之用。神案内侧，摆着6个盛稻米的碗。碗里的稻米上，插着6块绘有神像的牌位。所绘神像为：玉皇大帝，张、李二天师，三元盘古，东山圣公、南山圣母，三桥皇母和众曹祖师。

上述所供的神像中，最为重要的傩神东山圣公、南山圣母。他们的神像先后出现了三次,除了立着的神像之外,还出现在《总坛图》里和香案前的牌位上。

傩坛内,要以竹篾扎成三道拱门,正中一道高些,左右两道低些。竹篾之上,有的缠以花纸彩链,有的则缠以山中丝草。三道拱门均贴有横额和对联。

常用的横额有:迎銮接驾、酬答圣恩、华山宝殿、桃源仙境、金阙云宫、庆贺鸿恩、旌节遥临、神赐无疆等。

常用的对联有:左通金阙云宫路,右达华山宝殿门。玉殿龙楼辉彩色,华山凤阁起祥光。岱岳权尊,万国咸沾赫濯;泰山位重,九州共仰威灵。元始现金容,亲自降临传法力;老君耀玉像,活身来到演真玄。心醉六经,未获名标虎榜;神驰三境,欲求独占鳌头(求名用)。凿井耕田,既已量时而课雨;披星戴月,何堪旱魃以为灾(求雨还愿用)。毓秀钟灵,喜遂箕裘於先月;沐恩戴德,当酬篆愿在今时(求嗣还愿用)。教徒太上开天,驱邪逐鬼;法自祖坛传印,利物济人(抛牌过印用)。

傩坛当空,还有一排排五色彩纸书写的吊挂,悬挂在房梁上。吊挂两端,剪凿有各种图案,体现民间高超的剪纸工艺。一组吊挂为八句,一句一纸,形式各异。有的是"藏头诗",如嵌有"风调雨顺,国泰民安"者:"风清月白四时清,调理阴阳五谷匀。雨过青山花木秀,顺流绿水河海深。国家永做千年主,泰应常符万代春。民发虔诚酬恩愿,安居乐业享昇平。"也有以数字为"藏头"的诗句者:"一封书奏九重天,二迎圣驾降法筵。三清大道云端现,四值功曹把牒传。五显灵官齐下界,六师真君入傩前。七千祖师常拥护,八洞神仙入桃源。"等等。除此之外,还有其他各种不同形式的吊挂。

图4 傩坛(一)神位

图5 傩坛（二）总坛图　　图6 傩坛（三）下坛张五郎

## 六、法衣、法器

（一）法衣

法衣：巫师行傩作法时所穿戴的衣物，为巫师自备，简述如下。

头扎：冠戴。由锥形的硬纸板连缀而成，上绘神像，围戴头上。纸板有五块的，神像为"五岳"；也有七块的，神像为"三清""四帝"。

法巾：一块红布，用以包头。相传祖师张、赵二郎投老君学法，与其女姬姬相好。老君大怒，放飞剑欲除张、赵二郎，姬姬抛月经布恢污飞剑，张、赵二郎得救，巫教遂得法。红法巾即姬姬月经布。

法袍：行傩穿长袍，面料为红色绸布，以黑色绸布镶边。红色代表火，属阳；黑色代表水，属阴。巫师作法，阴阳得到协调。另有一"补子"，不在前面，而在后背，上绘太极图。

催兵褂：巫师行傩"祭兵"时的短打扮，蓝色或红色面料的背心，镶以黑边。前后嵌以"兵"或"勇"字。

净水衣：法衣神圣，不可贴身而穿，须以净水衣为里。

（二）法器

巫师行傩的法器均为"抛牌过印"时由师父赠予，简述如下。

祖师棍：又称"神杖"，代表巫傩的传承与权力，以一种称为"震天雷"的灌木树干制成。巫傩认为，雷的威力可以威镇一切邪魔，故以此木制神杖。祖师棍呈圆柱形，直径约一寸五分，长三尺三寸，下端装有尖头铁裤。行傩时，或持握手中，或插立坛前，号称"不言不语大将军"。

牌印：巫师身份的凭证。用两块一尺二寸长、三寸三分宽的樟木薄板制成。方言"樟"与"将军"之"将"字谐音，故以此木制作。两薄板中间，夹放"抛牌过印"时师父授给的三件文书：《阴阳合同》《管兵大牒》和《牌经》，并夹放代表"龙"的蛇皮，代表"凤"的鹰爪。木板外绑套红色布袋，分层缝钉五色"牌印带"或三十六条，或四十八条。

法印：以梨木刻制的正方形印章。中为竖行"太上玉皇老君正印"字样，两旁刻"日""月"二字。

雷令：以"震天雷"木削刻制成的木块。长约一寸五分，宽约八分，厚约八分，上刻"五雷神符"一道。

绺：一幅彩色绘画长卷，宽不盈尺，长则可达数丈。彩绘上画有数百位神祇行进时的图像，意为诸神赴会傩坛。

师刀：一直径为五寸左右的大铁环，以长约八寸左右的尖刀为柄。大铁环上，套着7个直径为一寸左右的小铁环。大铁环代表"西天独雷"，7个小铁环代表日、月和金、木、水、火、土五星，是巫师作法时不离手的法器。

宝剑：巫师用以驱邪、赶鬼的法器。早年，其上嵌有北斗七星，谓之"七星宝剑"，存世者已极罕见。近世则多由巫师请乡间铁匠锻打。

卦：又称"筊"。将小竹笋形根蔸劈为两页，用作占卜的巫师法器。一页为9个竹节，另一页为8个竹节，称作"九宫八卦"。

牛角：用公牯牛的牛角制作。牛角的顶端锯断少许，现出小孔，安放用小竹筒削制的口哨。巫师用以发出声响，作为召唤傩坛兵马的号令。做收魂法事时，用作安放魂魄的容器。

响器：即锣鼓。早年，只有一面铜锣和一面牛皮蒙的法鼓。因"锣"与"傩"同音，尤显神圣，女人不可触碰。后增加了钹和小锣。

图7 牌印

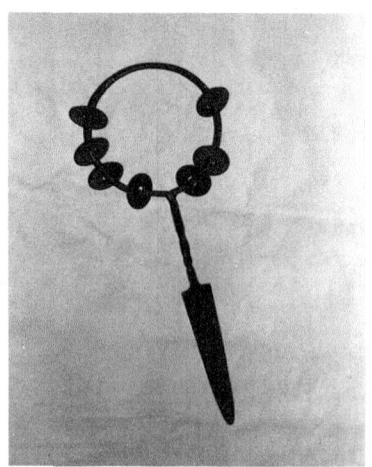
图8 师刀

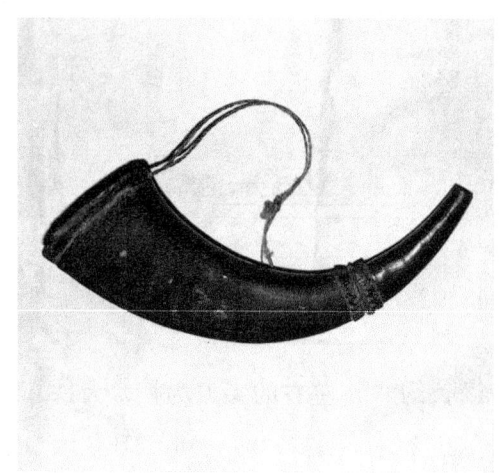
图9 牛角

图10 绺

## 七、纸马

"纸马"是巫师行傩作法时所用的雕版印刷物的统称，包括文疏、纸马、经诰、符箓、函套、船引等。旧时，五溪各地市镇多有纸马铺，仅黔阳县安江镇一地就有6家。邻近乡村还多有从事此业者。纸马铺都自有一堂齐全的木刻雕版，自印自售。每当主家请巫行傩时，巫师会根据傩仪的需要，为他开列一张纸马单，让他到纸马铺去购买所需用的纸马。

（一）文疏

文疏是巫师通过傩仪投往阴间的"文件"。须按照投呈神祇不同的地位，依规制而配备。文疏的名目，有申、表、牒、疏、札、帖等。至尊的神圣，如玉皇、三清、五岳等，皆以"申"相请，以"表"启奏；一般的神祇，如观音、城隍、飞山、杨公等，以"牒"相请，以"疏"陈情。"札"为司命等神所用；"帖"则为土地神专设。除了"帖"以外，所有的文疏均有专用和通用两类。专用者，固定为某位神祇或某项仪式所用；通用者，可根据需要，在其中填写神祇尊号，傩仪缘起即可。

巫傩文疏，除了上述木刻板印制的以外，还有某些特别隆重的文疏，如《玉皇表》等，不能用木刻板，而必须由行傩巫师书写，称为"墨状"。为此，五溪巫师对书法极为重视，他们一般都写得一手漂亮的蝇头小楷。人们常以巫师书法的水准来衡量其道艺的高低。

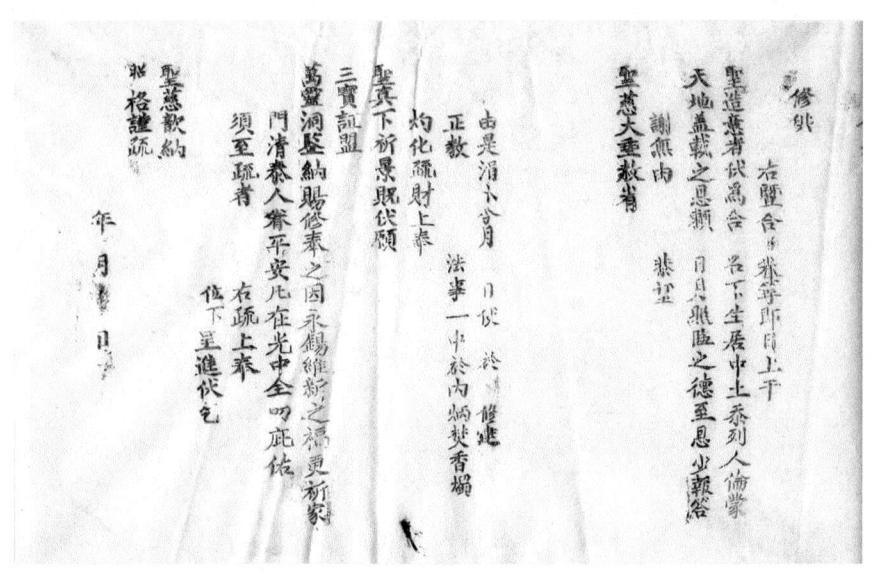

图11　通行疏

傩仪所用的所有文疏，必须通过焚化，才能送达神祇所在之处。焚化时必须装入函套，对此亦有规制：投送上天的申和表，用"五色龙函"；投送一般神祇的牒、疏、札、帖，用"黄疏筒子"；法事所用的文疏，用"雷霆各封"。这些函套，亦由纸马铺用木刻板印制。

## （二）纸马

木刻板印制的各种马匹，包括神祇的坐骑和运送楮财的马匹，分别在"请神"和"化财"时，连同文疏和楮财一同焚化。纸马计有：天地云马——上天男神的坐骑；龙辇仙鹤——上天女神的坐骑；甲马——水中之神的坐骑；众神马——一般神祇的坐骑；功曹马——又称"云驭马"，四值功曹的坐骑；驼马——为神祇驮送楮财的马匹；进贡马——为上天神祇驮送进贡楮财的马匹。

## （三）经诰

经诰为木刻板的经文。如玉皇诰、土地经、三官经、北斗经、催龙经、收瘟经等，交由行傩人家张贴或焚化。

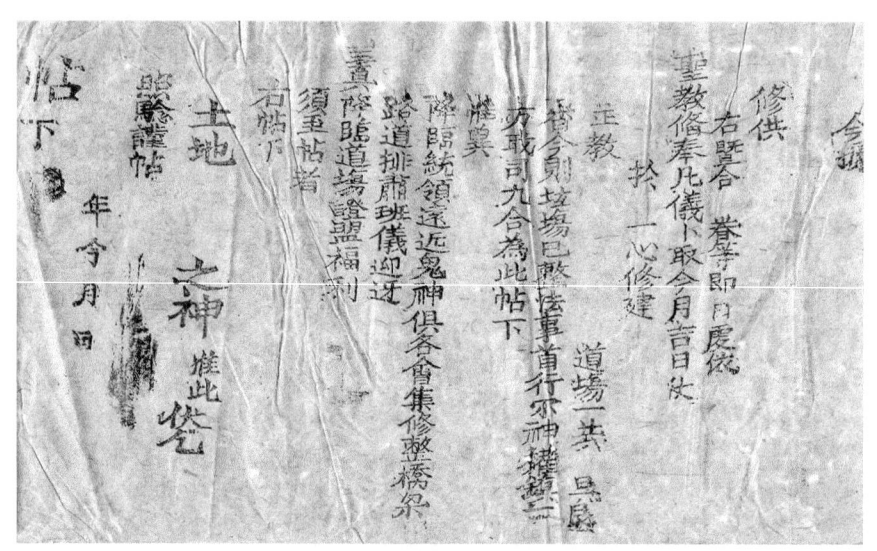

**图 12　土地帖**

## （四）符箓

巫师行傩时所用的符箓，多为以朱砂绘制于桃木或黄裱纸上。也另有一些在行乡傩时，家家户户都要张贴的符箓，如荡秽符、开天符、镇宅符、水符等，因用量较多，便由纸马铺以木刻板印制。分发时，由巫师点以朱砂。

木刻板印制傩仪所需的其他用品还有："掳瘟"时用纸船送瘟，纸船上要放一张《船引》，即通行证，上书"关津渡口，毋得阻挡"等字样。另附一幅木刻《龙船图》。傩仪结束前的"俯土",给各家各户发放《神宅图》和《五方镇信》。再如"赈济"中所用的《万贯钱》和《五音男女孤魂冥衣》。钱和衣物,是傩坛对于孤魂野鬼的施舍。

图 13　众神马

图 14　天地云马

图 15　驼马

图 16　进贡马

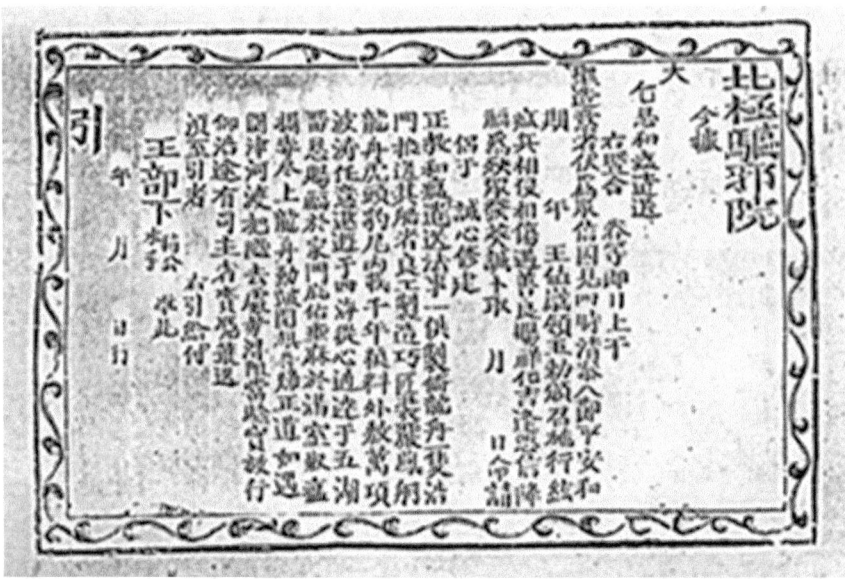

图 17　船引

图 18　龙船图

## 八、符箓、咒语

### （一）符箓

符箓是巫师通过图文实施的法术，有以下三种形式：一是将图文用朱砂绘写在桃木上，谓之"桃符"；二是将图文用朱砂绘写在黄裱纸上，谓之"纸符"；三是将图文用呈戟状的手指绘写在空中，谓之"天符"。桃符或扦插在泥土里，或钉在墙壁上；纸符或贴在门楣、帐沿、猪圈、牛栏上，或缝钉在一个小三角布包里，佩带在身上；天符则是巫师在作法"敕水"（化神水）时，对着一杯神水，一边念神词、咒语，一边在神水的上空画符。

据资深巫师介绍，最早的符箓都是用朱砂将图形绘制在桃木上。朱砂和桃木，都具有祛邪扶正的功能。所绘的图形，或是鸟，巫傩认为，雷神便是人形的鸟，而雷霆有着无可比拟的力量；或是火，火与雷有着同样的威力；或是男、女人形，更有配以蛇身的人形，如旨在令夫妻和好的《和合符》，便是两条蛇，一为男人头，一为女人头，两条蛇相绞在一起。与汉代画像砖上伏羲和女娲的造像如出一辙。此符称可令不睦的夫妻和好如初。后来，又出现了更为直接的文字符箓。此类符箓都以"敕令"二字开头，意为画此符箓是遵从玉皇大帝的旨意所为。以下的文字，或在"雨"字头下配以与祈禳相应的文字。"雨"字代表"雷"。在巫师眼里，世间最为强大的力量是"雷"，可以无往而不胜；或以"火"字、"鬼"字作偏旁，"火"威力无比，"鬼"通阴冥，可畅通无阻。以这些相应的文字达到祈禳的目的。再到后来，又出现了图形与文字相结合的符箓，为巫师所广泛应用。

图 19
和合符（洪江巫师向同彬绘）

## （二）咒语

咒语是巫师通过特殊语言实施的法术。在净坛、请神、差兵、治病等法事中使用。其用法包括"敕水""敕符""敕印"，即对着水、符、印（手诀）念咒，水、符、印便有了神力。所有咒语的最后一句都是"吾奉太上老君急急如律令敕"，以显示咒语的权威性。

巫师行傩，首先须以咒语洁净坛场和自身。有"净口咒""净心咒""净身咒""净天地咒"（又称"净秽咒"）。扎立坛场时，则须念"扎坛咒"。另有一咒，即或在民间，也有许多人熟知，那就是每到险要或阴森之地，必念的"藏身咒"，即将身子藏匿起来，可免受鬼蜮侵害。

巫傩迎请诸神时，每神一咒，有"师祖咒""盘古咒""老君咒""土地咒""观音咒""灵官咒""雷神咒""药王咒""三元将军咒""飞山咒""杨公咒""南岳咒""梅山咒""泗山咒""城隍咒""溪峒主咒""三殿侯王咒"等。

巫师行傩中的各种法事均有咒语，如驱邪时用"黑风咒"，送瘟时用"送瘟咒"。治疗各种疾病，也有专用咒语，如治眼疾时用"明目咒"，治刀伤时用"收刀止血咒"等。

如有人在暑天去世，为防止尸身腐臭，则须行"封臭"法事。巫师念的就是"雪山咒"："……须弥山上去观雪，峨眉山上去观霜……一阵狂风一阵雪，冻得弟郎冷清清，冻得山中树木不生叶，冻得百草不发芽。龙来龙退爪，虎来虎脱皮，大山百鸟脱毛衣。奉请三界雪山龙树王急急如律令。"

## 九、罡步、手诀

### （一）罡步

罡步又称"踏罡步斗"，古称"禹步"，是一种巫师以脚步招神遣灵的法术，因其步履踩踏在星罡斗宿之上而得名。走罡步时，巫师以拇指按其左手的食指、中指、无名指、小指的指根、指尖以及食指和小指的指关节处，从无名指的指根以顺时针方向，由右向左推，依次按十二地支，排列为子、丑、寅、卯、辰、巳、午、未、申、酉、戌、亥，称为"十二宫口"。每种罡步都有固定的口诀。在踏罡步斗时，巫师要一边诵念口诀，一边左手手掌向上，平摊于胸前，手指与胸呈平行状，以大拇指的指尖掐"宫口"。在巫师的心目中，他脚下的地也有一个无形的手掌和宫口。他行走的脚步也和手掌所掐的宫口一致。通过这种口唱、指掐、足行的舞蹈动作，完成各种不同的踏罡步斗科目。巫傩还将十二宫口中的丑、辰、未、戌四宫略去，其余八宫的亥、子、寅、卯、巳、午、申、酉与八卦的乾、坎、艮、震、巽、离、坤、兑，相对应踩踏。这种踏罡步斗故又称为"踩八卦"。

踏罡步斗是巫傩较为高深的道艺，多有失传。现仅能搜集的有：请祖师用的"三台罡"（此罡分春、夏、秋、冬四季，口诀相同，宫口各异）；召神时用的"万神罡"；藏身时用的"护身罡""九星罡"；封鬼路时用的"八卦罡"；破秽时用的"破秽罡""七星罡""倒挂七星罡"等。

"九州罡"又名"踩九州"，傩仪"祭兵"时必用，意为召来天下九州兵马，辅佐坛场。此为成组合的法术，"九州"为冀州、荆州、青州、徐州、中州、雍州、梁州、兖州和扬州。此罡以九州为"九坎"。一般的傩仪只踩踏前面三坎，只有最隆重的傩仪才由道艺高超的巫师，将"九坎"全部踩踏完。

## （二）手诀

手诀是巫师通过挽结手指而施展的法术。佛家、道家亦有，称为"手印"。相比之下，巫傩手诀较佛、道手印的表达更为宽泛、生动。傩坛对此极为重视。艺徒六七岁时入坛习巫，每天清晨要用一个细瓷碗，盛半碗滚烫的开水，然后将手掌手指搁放在碗边往下压，任开水熏蒸，直至贴近水面。天天如此，手指便练得棉花条一样柔软，为日后挽诀创造条件。

巫傩的手诀有"七十二道傩扎诀""三十六道搬山立殿诀"。"傩扎诀"："扎"为巫师冠戴头扎，意为正式巫师才能挽诀。"搬山立殿诀"即巫师挽诀，为前来傩坛赴会的众神建造殿宇。

巫师挽诀，是通过两手的手掌和手指的运动和挽结，完成形式各异的造型。手诀的表达对世间万物几乎无所不包。通常是画一道符、念一道咒便要挽一道诀。如表现天象的有"日月明宫""左清风""右明月"等；表现山岳的有"昆仑山""七宝金山"等；表现神圣权威的有"玉皇正印""太上老君正印"等；表现宫殿建筑的有"玉皇大殿诀""三元将军大殿诀"等；为神圣安位有"长台""短凳""八仙桌子""细鋈交椅"等；傩坛的兵器有"大金刀""小金刀""阴枪诀""阳枪诀""铜叉诀""铁叉诀"等；傩神出巡，则有"打旗诀""撑伞诀""推车诀""备马诀""抬轿诀"。若为夫妻不和行傩，则须为之敕"和合水"，届时，要对着一杯水画"和合符"、念"和合咒"，并要挽结"光容玉像诀"，以体现男、女生殖器；挽结"宽怀暖肚诀"和"甜心暖肚诀"，以体现男女交媾的情状。巫师称夫妇二人若是分喝了这杯水，便可和好如初。

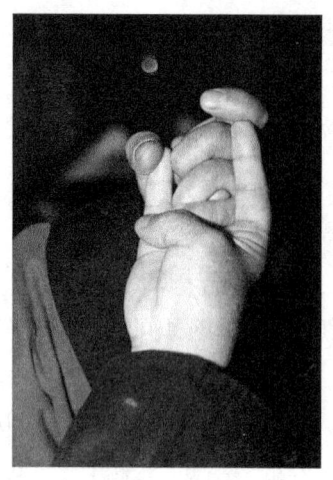 图20 玉皇正印
 图21 太上老君正印
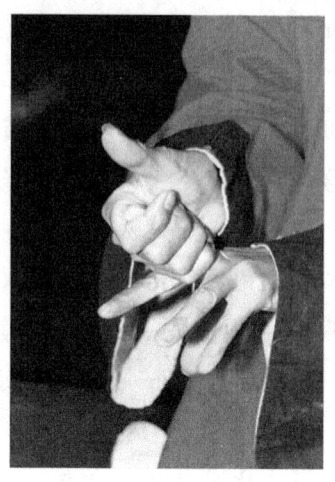 图22 备马

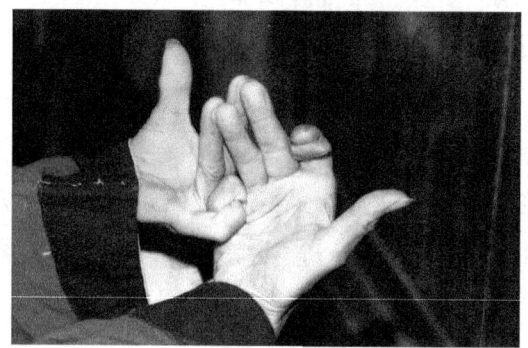 图23 抬轿

 图24 撑伞

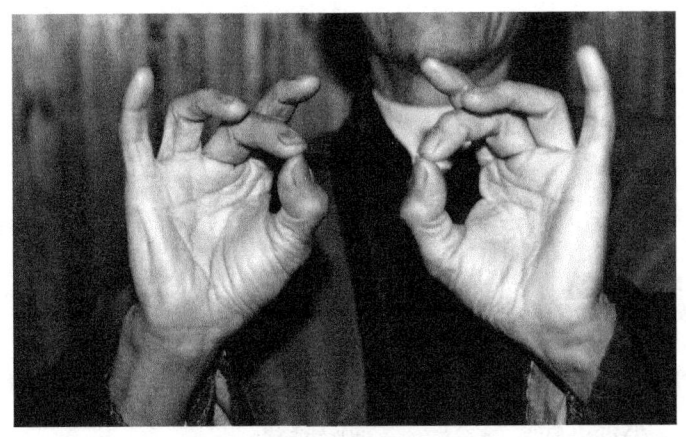

图 25　光容玉像

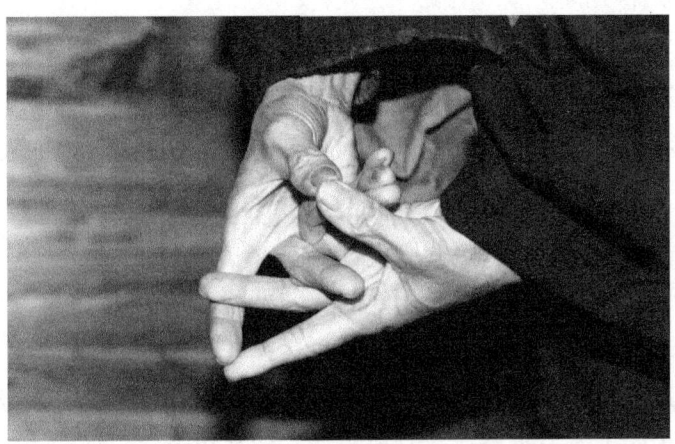

图 26　甜心暖肚

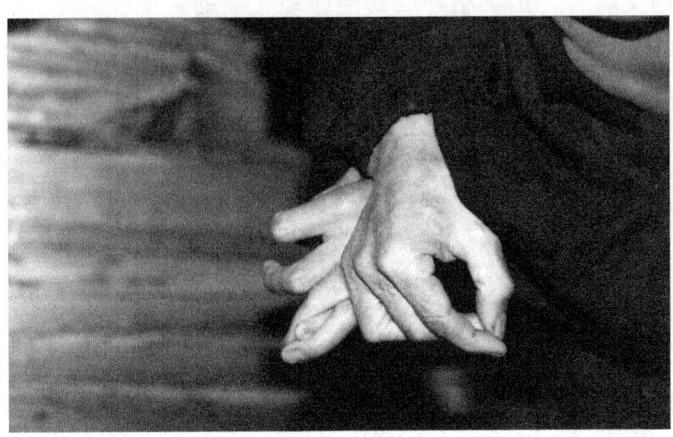

图 27　宽怀暖肚

## 十、抛牌过印

在五溪地域，为巫师学成举行的仪式，沅水上游称"抛牌过印"，沅水中游称"迁阶"。两者形式、内容大同小异。本文仅就"抛牌过印"做简要记述。此仪式是巫师一生中最重要的仪式，届时，亲朋好友都要前来贺喜，附近的乡民都要前来看热闹。

"抛牌过印"的仪式在"新坛弟子"家中进行，须在一天内完成。届时，堂屋要立傩坛，房舍附近的空坪要以木料搭台，称"授法台"。授法台上又另搭有一小台，称"老君台"。当晚，小台拆除，"授法台"演唱傩戏。

参与这天"抛牌过印"仪式的人员，包括新坛弟子和下列传法人员。

正老君：新坛弟子的业师，主要传法人；

左老君、右老君：新坛弟子的师伯、师叔，辅助传法人；

东王公、西王母：由新坛弟子的干爹、干娘扮演，是为传法见证；

上桥皇母、中桥皇母、下桥皇母：合称"三桥皇母"，由同村三位处女装扮，亦为传法见证；

引坛师：引导新坛弟子接受传法的巫师；

盘坛师：代表新坛弟子向正老君请教法术的巫师；

出法师：正老君回答的问题，由出法师传达；

度法师（4人）：出法师传达正老君的法术，再由度法师二度传达给新坛弟子；

拨将师：代表正老君，将傩坛兵马拨出部分给新坛弟子；

保举师：新坛弟子学法的保举引荐之人；

文书师：书写文疏者，由某巫师或其他通晓文墨的人担任。

上午，仪式开始，新坛弟子在度法师的引领下，到家先坛前拜过祖先，辞别父母。这时，老君台上已有正老君、东王公、西王母、三桥皇母"端坐"。其他法师则站立在老君台下的授法台上。授法台前的坪场上，摆放着一排长凳，称为"扬子桥"。"桥"上站立着四位度法师，新坛弟子来到"桥"头，虔诚跪拜，接受传法。傩坛的一切法术，包括科范、符箓、咒语、手诀、罡步等，都要由正老君通过繁复的程序，传授给桥头的新坛弟子。新坛弟子通过三年学习，这些法术早已熟知，传法不过是走形式而已。

下午，由正老君向新坛弟子传授"现法"，即传授上刀梯、踩犁铧、走火槽、滚刺丛、捞油锅等种种傩技，由新坛弟子完成。在捞油锅的环节中，新坛弟子要从滚烫的油锅中捞出糯米粑粑，分送给在场的宾客。

"现法"传授过后,即由正老君从老君台上抛下牌印,台下的新坛弟子在"扬子桥"头将牌印接住,称为"抛牌"。牌印上的一条条牌印带都只缀有一根丝线。届时,围观者一拥而上,抢走一条条牌印带,新坛弟子须用红包一一赎回。牌印的两块木板中,夹着师父授与徒弟的两个文件。一是《阴阳合同》,又称《长生执照》,即巫师学成的资格证书,写有师父为徒弟取的法名,一式两份,一份在仪式上焚化,另一份由新坛弟子保存,要到他去世时再焚化。二是一个长达数丈的长卷,名曰《牌经》,内容包括:(1)新坛弟子投坛拜法的缘起;(2)统率阴兵的《管兵大牒》;(3)新坛弟子入坛的誓愿;(4)师父授与的各种法器的清单;(5)画有傩坛符箓的《雷符牒》,俗称"三十六道《雷符牒》";(6)写有傩坛各种咒语的《鬼名经》,俗谓"七十二道《鬼名经》"。最后,正老君走下老君台,来到扬子桥上,为桥头的新坛弟子授与法印,谓之"过印"。新坛弟子跪拜接过,呈上四吊八百铜钱的利市,作为酬谢。鞭炮声中,"抛牌过印"仪式结束。

## 十一、巫师的葬礼

巫师的丧葬仪式称为"送亡师",由去世巫师最得意的弟子主持。

巫师将死,弟子作法,"打理牛角",将牛角化为"藏魂大殿",将师父的三魂七魄收在牛角之中,以红纸将牛角包裹、捆扎。而后翻着筋斗出门,到附近的一座庙宇中,行"封锁五庙"法事,即封锁所有庙门,不让师父魂魄进入。因为魂魄一旦进入,就会被打下地狱。师父咽气之前,要抬到堂屋的神坛前端坐,由儿女、徒弟跪送。弟子要手挽"莲花诀"托着师父的脚板,意为师父脚踏莲花而去。

灵堂设在亡师家的堂屋。堂屋的瓦要揭开三槽,要搭上一架三十三蹬的竹梯。弟子将亡师的灵魂从捆扎好的牛角里放出,经由此梯去到三十三重天堂。亡师净身、更衣之后,便将其尸身抬上灵床,作"灵床盖印"科仪。弟子要轻吟低唱《盖印傩歌》,唱出印道的名目,在亡师尸身的36个部位,盖上亡师在"抛牌过印"授给他的法印。如在前额盖上"天庭印";左眼盖上"太阳印";右眼盖上"太阴印";头顶盖上"天府印";脚板盖上"地府印"。在尸身的喉结和尾关上盖"塞海印",堵塞住亡师坠入苦海的路……当主持弟子来到亡师脚头时,女客离去。弟子脱去亡师的裤子,分开两胯,现出男根。弟子口衔法印,双手着地,一个筋斗翻上灵床,用嘴里衔着的法印,盖在亡师的阴囊之上,谓之盖"酆都印",称如此可使亡师免受酆都地狱之苦,这也是弟子报答恩师的一种特殊方式。下得灵床,师娘要给弟子一个利市,和当年亡师"过印"给弟子时弟子谢师的数额一样,即四吊八百铜钱。

夜里的"辞世傩歌",是"送亡师"最热闹的场面。届时,弟子要以亡师的口吻唱傩歌,告别人世,告别亲人。傩歌有固定格式,也有主持弟子的即兴演唱。开场所唱:"离别了,离别阳世去阴间。白鹤离了水草地,燕子别了瓦屋檐。野鹿舍了灵芝草,羚羊弃了昆仑山。大船起了抛锚链,长排解了拴排缆。莫道黄泉路途远,此去只当游花园。"这一固定唱词,是巫傩对其生死观最精当的阐释。继而,弟子仍以亡师的口吻,对所有亲人逐一以傩歌道别、叮嘱,直唱得亲人们泪水横流,丧堂里哭声一片。接着,主持弟子对亡师的生前好友、左邻右舍,也都逐一以亡师的口吻用傩歌道别。此后,在场的任何人都可以与这位亡师的代言人以傩歌交谈、告别。"辞世傩歌"通宵达旦,既考验主持弟子的智慧和才华,也考验他的体力。

亡师的灵柩上路时,要着人取下搭在瓦檐上的竹梯,扛在肩上开路。灵柩起杠时,主持弟子要一跃而起,站立灵柩之上,双手高高挽结起"白鹤诀",与灵柩同行,寓意亡师"乘鸾驾鹤"而去。抬着灵柩行进时,路上有两件蓑衣轮番铺垫,由一个巫师在蓑衣上翻着筋斗引路。到了下葬处,主持弟子下到"井"(葬坑)中,为亡师作法"置殿",即亡师的阴冥安身之所。立"五营四寨",作为亡师的屯兵之地。作法"分兵",请求亡师将部分兵马留下给弟子。最后,焚化亡师"长生执照"中的"阴照",这是他进入阴冥再做巫师的资格证书。灵柩随之"落井"。墓地堆土,垒成坟丘,插上随灵柩前来的三十三蹬竹梯,挂上黄钱白纸,亡师的灵魂将攀援此梯登上天界。弟子随即拜别山野中的新坟。这个巫傩坛门,也就此完成了它的世代交替。

## 十二、侗族傩戏"咚咚推"——五溪傩戏之一

新晃侗族自治县贡溪乡天井寨,与贵州省天柱县接壤。这个万山丛中的侗家山寨,山川秀丽,民风淳朴。这里,至今仍然保留着一种古老的侗族傩戏——"咚咚推"。

早年,天井寨建有两座庙宇,一座是飞山庙,另一座是祀奉开天辟地的盘古大王的盘古庙。盘古庙里赤裸着身子、披着树叶的盘古神像,长着三头六臂:神像的头与双耳各为一头。举起的双手,一手托日,一手托月;胸前的两手抱着太极图;胯下的两手,一手握錾,一手执锤,作开天辟地状。另一座是祀奉侗族古代英雄杨再思的飞山庙。杨再思是五代时侗族地区的十峒峒主,侗族人民都敬仰他。天井寨里,原先住着龙、姚二姓侗胞。后来,又有杨姓侗胞搬到寨子里居住。天井寨的侗胞对盘古庙和飞山庙两庙轮番敬奉,每年春节期间,都要在其中的一座庙里进行祭祀活动。祭祀过后,即由龙、姚二姓人(杨姓人不参加)在寨子里一块叫"戏场"的空坪,搬演一种称为"咚咚推"的傩戏。

"咚咚推"起于何时？天井寨的侗胞说，他们的祖先明朝初年从靖州迁来此地，带来了"咚咚推"。"咚咚推"由村民戴着楠木雕制的面具进行演唱。演唱时，演员伴着"咚咚"的鼓声和"推"的小锣声，在地上脚踩三角形的位置，不停地跳跃行进，"咚咚推"因此而得名。春节期间进行的"咚咚推"演唱，在于向神灵祈求新的一年风调雨顺、五谷丰登、阖寨庆吉平安。其中必演的剧目是《跳土地》。剧目开始时，一个戴着农人面具的演员上场，称他是耕田种地的天井寨农人。继而一个戴着土地神面具的演员上场，称他是保佑五谷丰登的土地神。农人耕田，到土地庙前作揖。于是土地神便和农人见面了。农人代表天井寨的村民，向土地神祈求五谷丰登、六畜兴旺，祈求村民庆吉平安，无病无灾。土地神都一一慨然允诺。于是，看戏的侗胞们便相互祝贺，他们盼望的新的一年的好运便自此开始了。

侗族较早进入了农耕社会，"咚咚推"便是侗族农耕社会的产物。天井寨的侗胞解释，他们踩着三角形跳跃的舞步，是来自耕牛的形象。牛头和两只前脚，是一个三角形，牛尾和两只后脚，又是一个三角形。侗族人是在进入了农耕社会，而且使用了大牲畜耕牛之后，才产生了"咚咚推"。

"咚咚推"发展到后来，受到汉族文化的影响，出现了一些来自《三国演义》的剧目。如在《天府掳瘟，华佗救民》一剧中，医圣华佗被演绎成一个游乡串寨的郎中。后来，"咚咚推"的演出也不限于春节期间了。若逢久旱不雨，村民也常常相约演唱起"咚咚推"来。届时，由一个村民戴上关羽的面具，手舞一把大刀，对着太阳不停地舞动，一直要舞到天边出现乌云，洒下雨水，方才罢休。

傩戏"咚咚推"是天井寨全寨人的艺术。每年春节期间，既是"咚咚推"演唱的季节，也是寨里年轻人学习"咚咚推"的时候。"咚咚推"就这样年复一年，在天井寨里代代相传。如今，盘古庙和飞山庙早已因年久失修而颓圮，"咚咚推"却仍然保留了下来。近年来，由于"咚咚推"特殊的学术价值，国内外专家纷至沓来，进行考察和研究，并应邀赴韩国演出。新晃侗族自治县也因此加强了对"咚咚推"的保护力度。

## 十三、辰州傩戏遗古风——五溪傩戏之二

辰州巫师扬名天下，辰州傩戏独具风采。

辰州傩戏即傩堂戏、傩愿戏，流行于沅水中游沿江的沅陵、辰溪、泸溪诸县，以及沅水支流酉水、武水、辰水流域的湘、黔、鄂、渝毗连，汉、土家、苗杂处的广大地域。康熙二十五年（1686）沅陵县教谕向兆麟所作《神巫行》云："汝有病，何须药，神君难令百病却。当祈福，有嘉告，神君福汝万事足……事事称意惟凭汝，愿唱

一部《孟姜女》。"①《孟姜女》一戏在三百多年后的今天，仍然是辰州傩戏最重要的代表性剧目。

辰州傩戏由巫师演出。巫师在为冲傩、还愿人家行傩作法时，要在主家的堂屋布置傩坛，供奉傩公、傩母神像。同时，要在堂屋前的空坪，面对傩坛扎一座临时戏台。傩戏开唱之前，要由主法的巫师主持一宗称为"开戏洞"的仪式，即将封存在傩家大本营"桃源洞"的"二十四戏"请出，到行傩人家演唱。届时，巫师要摆出所有的木雕面具，供奉傩坛之上。

辰州傩戏的剧目分为正戏和本戏两类。每出傩堂正戏，都具有戏曲元素，并不十分成熟的戏曲，是傩坛法事的有机组成部分。主要剧目有：《搬八郎》，搬演蛮八郎来到傩坛，杀猪宰羊，酬谢神灵。斋戒的傩坛，要到蛮八郎上场以后才能开荤；《搬仙锋》，搬演白旗仙锋从桃源洞来到傩坛，和主东同拜神灵，扫妖镇坛；《搬开山》，搬演手执宣化神斧的开山，前来桃源洞傩坛扫妖灭邪，途中沐浴于大海，失落了神斧。为寻神斧，至长街请算匠占卜。于是，便演唱《搬算匠》，通过行傩作法，使神斧失而复得。《搬土地》一剧，搬演的是土地神来到傩坛参神，保主东家五谷丰登。为求子而搬演的《仙姬送子》，则要由一巫师扮演天门土地打伞，一巫师扮演七仙女，抱"娃"（布扎襁褓）驾五色祥云来到主东家，并将"娃"放到求子妇人的床上。每次傩事结束，必演《搬判官》一剧，即判官奉傩神之命，到傩坛为主东"勾愿"（即了愿）。演唱结束，将剧中的所有角色（面具）请回桃源洞，封锁洞门。

傩堂本戏是已经成熟的戏曲，主要剧目为"三女戏"，即《孟姜女》（孟姜女哭长城故事）、《龙王女》（柳毅传书故事）和《庞氏女》（姜诗休妻故事），其中以《孟姜女》最为主要。俗有"姜女不到愿不了"之说，即不演《孟姜女》，主东的愿就还不了。为什么将孟姜女和傩坛还愿联系在一起呢？资深巫师解释说，孟姜女可以感天动地，哭倒长城，是因为她的忠心和诚心。行傩的人家，也必须要和孟姜女一样，才能感动傩坛的神圣。演唱《孟姜女》时，多有观众和演员的互动场面。如孟姜女千里寻夫一场，途中缺少盘缠，就通过演唱向观众哭诉，心生怜悯的观众，就将大把铜钱抛上戏台。

早年，辰州傩戏的面具为纸质，所有的角色都戴面具。至清末民初，发生了两大变化：一是面具由纸质改为木雕；二是面具逐渐减少，戴面具演唱的，只限于傩堂正戏的角色，傩堂本戏的演出，如《孟姜女》等，都改用涂面化妆了。

辰州傩戏演出时，常常结合上刀梯、下油锅、滚刺丛、走火槽、踩犁铧等傩技表

---

① （清）谢鸣谦：《辰州府志》卷五十，《艺人纂·杂识》，28页，乾隆三十年版。

演进行，因而受到观众欢迎。

## 十四、土家山寨"毛古斯"——五溪傩戏之三

"毛古斯"是土家族的原始戏剧，主要流行于今湖南湘西土家族苗族自治州内的龙山、保靖、永顺、古丈，怀化市的沅陵，张家界的永定、石门、慈利；重庆市的酉阳、秀山；湖北恩施土家族苗族自治州的来凤、咸丰、宣恩等县（区）。

"毛古斯"意为祖先的故事。演出时，演员要身披稻草，装扮成代表土家族的祖先——"毛人"。土家族地区盛行摆手舞，舞蹈动作为双手不过肩的重复摆动。土家人将这一舞蹈动作加以提炼和发展，用以表演祖先"毛人"的故事，创造了原始戏剧"毛古斯"。

"毛古斯"多在每年春节期间与摆手舞一并演出，演出者均为男性，一般为15人左右。表演者除了双脚以外，浑身捆满稻草，头也用稻草包扎，头顶上竖着五根稻草编扎的朝天辫子，以此象征"毛人"。早年，"毛古斯"演出的内容，多表现土家族远古先民的生产和生活，主要剧目有《定居》《扫除瘟、疫、邪三气》《砍火畲种包谷、小米》《赶山打猎》《下河捕鱼》《抢亲成婚》等。后来，又逐渐增加了土家人近代的生产和生活内容，如《请教书先生》等。有的则将近代和远古的生活交织在一起表演，显得诙谐有趣。

"毛古斯"是古代土家社会的缩影。老"毛古斯"和众小"毛古斯"，构成古代土家人的一个氏族群落。剧中的土王管家询问他们的生活状况，回答是"吃的是棕树子""穿的是棕树叶""住的是草堆"，勾勒出原始土家部落的生活场景。当问到众毛古斯中谁是"阿爸"时，大家都争着说自己是"阿爸"。后来，老毛古斯见自己年纪最大，就承认自己是"阿爸"了。这体现古代土家社会母权制向父权制的过渡。在《抢亲成婚》中，先是众毛古斯都争着与抢来的"新娘"成亲，接着是一场喧闹和斗殴，最后是胜利者获得了与"新娘"成婚的权利。从剧情可以看到土家人由群婚向对偶婚过渡的情景。在一场"毛古斯"进行耕作的表演中，众人将一根长一尺左右的木棍缠以稻草，顶部裹扎红布，根部夹在下身，称为"粗鲁棍"，代表男性的生殖器。他们摆动"粗鲁棍"，进行舞蹈，称为"打露水""甩火把"，以展现他们在田中劳动的情景。这正是古代土家人生殖崇拜的遗存。随着土司的出现，土家族的古代社会发生了变化。"毛古斯"受到土司奴役，遭受笞打，跪着吃年饭的情景，在表演中都有所体现。在大量表现农业劳动的同时，又出现了财主讨账、坐轿，"毛古斯"还债、抬轿的场景，把土家族封建社会的社会阶层和生活情景展现在人们的面前。早年演《围山打猎》，"毛

古斯"获得猎物后,众人共同分享。后来演出时,又增加了这样的情节:猎人到市场出售兽皮,遇到一个名叫"咕噜子"的骗子,他的兽皮被骗走,展现了土家人从自然经济走向商品经济起步时的状况。在湘西诸少数民族中,土家族较早地吸收了汉族文化,"毛古斯"剧目中的《请教书先生》,请的是汉族的教书先生,教的是四书五经,反映了土汉之间的文化交流……随着时代的变迁,社会的发展,"毛古斯"的内容和形式也发生了变化,有的地方不再是浑身裹草,而是反穿着皮毛衣服,或者是穿着草编的衣服进行演出了。

## 十五、神降傩坛便是戏——五溪傩戏之四

沅水上游及其支流渠水、巫水和潕水流域,即湖南黔阳、会同、靖州、洪江、怀化及贵州天柱、锦屏、黎平一带,汉、苗、侗、瑶杂处。这一带流行的傩戏,称为"杠菩萨"或"降菩萨"。"杠"即搬演,"菩萨"是对一切神祇的泛指。所谓"降菩萨",即神降傩坛,便是傩戏,乾隆五十四年(1789)《黔阳县志》载:"凡酬愿,设位于室,旷处刲豕而烹,巫神戴假面歌舞。"① 所指的便是这种"杠菩萨"的演唱活动。

"杠菩萨"的艺人均为民间巫师。巫师称行法事(即傩仪)为"内教",唱傩戏为"外教"。凡私家为求福(禳病灾)、求财、求嗣等因,请巫师祈禳、冲傩、还愿,或村寨众人为某神庙做例行祭祀(称"庆庙")时,均有"杠菩萨"的演唱活动。届时,要在主东堂屋或神庙殿堂扎立傩坛,称为"桃源洞"。供奉有傩神东山圣公和南山圣母的神像。村寨庆庙,神庙里一般都建有称为"万年台"的永久性戏台。私家冲傩、还愿时,则要在傩坛的对面,即主东门前的空坪搭建一座临时性的戏台。

正如"杠菩萨"的名目,它的所有剧目,所搬演的都是傩坛的一位或几位神祇,剧名常冠以"杠"字,如《杠盘古》《杠杨公》《杠阴公》《杠梅山》《杠和利》《杠华山》《杠三元将军》《杠耕田地》《杠勾愿土地》等。也有不冠"杠"字的剧目,同样也是搬演傩坛神祇,如《和神》,搬演的是三桥皇母和三元盘古;《郎君杀猪》搬演的是杀猪的进宝郎君等。它的所有剧目,都与所进行的傩仪关系密切。如在盘古庙中必演《杠盘古》,在杨公庙中必演《杠杨公》,这种情形称为"杠本庙"。

"杠菩萨"的剧目情节简单,大多是戏剧的雏形。在每出戏的结尾处,剧中人(即被搬演的神祇),都要将自己的"出身根本"演唱一通,而后由剧中的角色以所扮神祇

---

① (清)姚文起:《黔阳县志》卷三十,《风俗》,23页,乾隆五十四年版。

的名义向主东赐福。还有一些流行在民间的傩仪,在做了戏剧化的处理以后,衍变成了傩戏,搬上了舞台。久而久之,这些傩戏由于更能为群众所接受,就取代了原来的傩仪,成为巫师法事的一部分。如《郎君杀猪》就取代了傩仪"上熟"。再如这一带每逢瘟疫流行时,有用纸船(或草船)送瘟,并在河边将纸船烧掉,并任河水冲走的习俗。也就是毛泽东《送瘟神》一诗中所说的"纸船明烛照天烧"。"杠菩萨"的《划干龙船》,便是戏剧化了的"送瘟"。巫师侧转椅子,人在其中,就变成了剧中的道具——一条模拟的"送瘟之船"。剧中的瘟神不再是冥冥之中无踪无影的神,而变成了一位名叫游家五娘的实实在在的女子。驾着"送瘟之船"的巫师,在戏台上与游家五娘相遇,经过一番较量,巫师最后将"瘟神"送走。这一从傩仪变为傩戏的过程,为中国民间戏曲诞生于巫傩做了最好的注脚。傩戏"杠菩萨"是很有研究价值的。

"杠菩萨"的面具用香楠或香樟木雕成,分为专用和通用。主要角色有专用面具,通用面具分生、旦、净、丑,供次要角色选择使用。自20世纪30年代以后,巫师将戏中的部分角色也改为涂面化妆了。

"杠菩萨"脱胎于原始宗教,它的表演艺术亦带有浓重的原始宗教胎记。它的台步称为"走摆罡",与巫师做法事时的走步无多区别。它的主要唱腔为"傩歌腔"和"巫师腔"。演唱时不托管弦,只在唱段的末句,采用锣鼓帮腔。

## 十六、屈子遗风今犹在——五溪傩戏之五

伟大的爱国诗人屈原,出生于秭归,沉江于汨罗。他在诗歌中所记载生活过的地方则是溆浦。他在溆浦生活的时间,有人认为是六年,有人认为是九年,也有人认为长达十六年之久。两千多年过去了,屈原在溆浦的踪迹难觅,只有在溆浦的傩戏中,还能找到些许蛛丝马迹。

学者们认为,屈原的不朽诗作《九歌》就是在溆浦创作的。汉王逸在《楚辞章句》中说:"昔楚国南郢之邑,沅湘之间,其俗信鬼而好祠。其祠必作歌乐鼓舞以乐诸神。屈原放逐,出见俗人祭祀之礼,歌舞之乐,其辞鄙陋,因而作《九歌》之曲,托之以讽谏。"[①] 这是溆水两岸的巫觋神词,为屈原的创作提供了素材。我们从今天溆浦仍然流行的傩祭和傩戏中,可以追寻到《九歌》的源头。

《九歌》中有许多美丽的女神。当今溆浦巫傩至高无上的神圣便是女性,即云霄娘娘、碧霄娘娘和琼霄娘娘,合称为"三霄娘娘"。至今,溆浦有的人家的神龛上,还有

---

① (汉)王逸:《楚辞章句》卷二,112页。

一个竹篾编织的"花台"。"花台"里供着众多神祇的牌位,高高在上的便是"三霄娘娘"的牌位。连玉皇大帝、真武祖师、南岳大帝这些地位显赫的大神都要比这三位娘娘矮去一截。巫师每次冲傩、还愿搬演傩戏时,不可或缺的剧目《和娘娘》,演唱的就是"三霄娘娘"的故事。

沅水上游的傩戏"杠菩萨",有一出名为《划干龙船》的剧目演"游船送瘟"之事。剧中的瘟神是一个名叫游家五娘的女子,戏到结尾处,由巫师作法,将她送走。在溆浦,同样有一出《游船送瘟》的傩戏,却出现了一位送瘟之神,即屈原的第五个女儿。傩歌唱道:"屈原相公五个女,五人姊妹有根源。大姐住在桃花店,二姐住在菊花园,三姐住在梅李地,四姐学道登仙山。五娘身材生得小,江边立庙要花船。五月五日船下水,沿河两岸鼓连天。子弟花船五娘坐,化作百家门上收瘟憯毒船。"屈原的女儿成为送瘟之神,与历史上屈原在这里长期生活是有密切联系的。人们怀着崇敬的心情,把平安清吉、无病无灾的美好愿望都寄托在了这位两千多年前的前辈先贤身上。

溆浦傩戏中,有一出名叫《装独脚云霄》的傩戏。剧中人独脚云霄,是一位因被砍去一条腿而战死沙场的将军。其剧情为独脚云霄在傩坛"跳五岳,归神位"。在大锣大鼓的伴奏下,独脚云霄拄着祖师棍,在傩坛单腿歌舞,"乾坤大,日月长,将军战死在沙场。独脚云霄拜五岳,忠魂飘荡走五方……"场面极其悲壮。五溪巫傩有定规,凡殇亡之神(即非正常死亡的神祇)只能供在下坛,而不能供在上坛的。这位独脚云霄却是个例外。资深巫师做出这样的解释:为国捐躯的殇亡之神,不同于一般的殇亡之神,是可以供在上坛的。旧时,在溆浦城乡,家家户户神龛的上坛,都供着这位独脚云霄。此神没有神像,而只是一根竹筷子上,缠着白线、黑线各一道。竹筷代表"食",黑白二线则代表"衣"。为国捐躯的独脚云霄,成为溆浦人的衣食之神。《装独脚云霄》的傩戏表演,溆浦人对独脚云霄的供奉,使人们自然而然地想起屈原在《国殇》中的诗句:"带长剑兮挟长弓,首身离兮心不惩……"2007年中国溆浦屈原文化节期间,傩戏《装独脚云霄》引起了与会者的强烈共鸣。

## 十七、酉水之阳面具戏——五溪傩戏之六

面具阳戏是酉水流域土家族特有的傩戏剧种,曾流行于今重庆市的酉阳和秀山两县的城乡。20世纪50年代以后,面具阳戏由于种种原因而衰败和萎缩。今秀山县内,已经见不到这种傩戏的演唱了,只在酉阳县的双河、丁市、李溪、黑水、兴隆等地,间或还能够听到面具阳戏的锣鼓声。

面具阳戏起于何时无从稽考,只是见到在戏班敬奉师祖的牌位上写有"唐朝启教,

历代戏官"的字样。而从其所有的剧目看来，说它出现在唐代显然是不可能的。

面具阳戏是土家族群众酬神时演唱的傩戏。通常以村寨为单位建立坛班，每个坛班有掌坛师一人，演员、乐手为10~15人。掌坛师通常是祖传的面具阳戏艺人。他谙熟祭祀规程，精通傩戏艺术，负责艺术的传教、演唱的组织，是村寨中受人尊重的人物。

面具阳戏以老郎太子即唐明皇为戏神。每个坛班都有一尊老郎太子的神像，立在一个装满稻谷的木斗中，供奉于后台。木斗的两侧，分别供奉着玉皇上帝和关圣大帝的面具。面具阳戏的面具称为"脸子"，用白杨木制成，分为祭祀用和演唱用。玉皇上帝和关圣大帝的面具为祭祀用。演唱用的面具有专用和通用两种。专用为重要角色使用，通用则分为生、旦、净、丑，由次要角色选用。面具阳戏在新春跳灯愿、还愿祈神和祭祖祈神时演唱。

新春跳灯愿：春节期间，为某户人家吉庆而设。坛班到主家，主家的大门是关着的，在艺人的演唱中，主家"开财门"，然后是"唱正戏"。其中必有一个称为《盘古经》的关目，内容为演唱从古至今历朝历代的皇帝。今人演唱时，甚至包括蒋介石和毛泽东。将所有正戏唱完，一个晚上的跳灯愿才结束，由掌坛师作法"辞神"。

还愿祈神：某户人家为求福、求子、求财、寿诞、婚庆或是求雨等因而设。先要由演员装扮为关老爷镇殿，装扮为庞氏夫人镇台。庞氏夫人即高腔戏《芦林记》中的女主角庞三春。这一程序名为"镇台"，实则是由庞氏夫人和她的丈夫姜郎相公（即姜诗）两个角色演唱一曲戏文。接着演唱正戏，正戏的剧目和还愿的内容吻合。如庆寿诞时，演《大孝记》（董永故事）；求子时，演《窦老送子》等。演唱结束，关爷扫殿。最后，掌坛师以木盘置放关老爷面具和鸡蛋一枚到主家门外，口念"烧张纸来化张钱，圣帝爷爷转桃园。圣帝回转天宫去，过后有请速降临"。将鸡蛋抛向空中，鸡蛋落地，以摔破为吉利。

祭祖祈神：某户人家为祭祖而设，程序较"还愿祈神"要简单些，没有关爷镇殿，而只有庞氏夫人镇台。演唱的正戏剧目叫《冬梅花》。剧情为河南张洪恩生子进宝、进财。进宝学文，进财习武。二人进京求名，途中救得不堪继母虐待而投江的柳凤英，柳以冬梅花为记，相许进财。魏征丞相之女鸾娇彩楼抛球，得中进宝。兄弟二人金榜题名，归家后皆成姻眷。此剧以"进宝""进财"兄弟二人的吉利名字，给主家以好彩头。祭祖祈神时，要制作纸扎的灯（称"马马灯"）和车（称"马车"），祈神结束，要在村口将纸扎的灯和车连同大量的楮钱一并焚烧。

## 十八、思州古韵"喜傩神"——五溪傩戏之七

黔东南苗族侗族自治州的岑巩县古称思州,是一个文化底蕴颇为深厚的地方。隋时入主思州的田氏土司,在此经营八百余年,直至永乐年间,明成祖废思州宣慰司,设立贵州布政司。故民间有说法:"先有思州,再有贵州。"傩戏"喜傩神"就植根于这片沃土。

今岑巩是一个多民族聚居区,各民族对当地傩戏"喜傩神"的来历说法不尽相同。据岑巩县档案馆所藏清光绪《思州历代名师录》记载:侗族巫师周法兵于东晋建武元年(317)到江西学法,归来后创立"冲傩喜傩神"。仡佬族巫师邹法元,因乡间常白虎吞噬人、畜,于洪武元年(1368)到河南学法,归来后创立"白虎愿";苗族巫师龙法贵,因乡间常有孩童被洞神吃掉,于万历年间到麻阳学法,归来后创立"童子愿"。这些酬神还愿活动,都有傩戏"喜傩神"的表演。也有学者认为,元末明初,中央王朝对思州实施"改土归流",是驻军带来了中原的军傩,后来衍变成为今天还可见到的"喜傩神"。

思州巫傩和五溪地域所有巫傩一样,以东山圣公(即伏羲,俗称傩公)、南山圣母(即女娲,俗称傩娘)为傩神,分别雕有神像,供奉于傩坛。"喜傩神"的内容宽泛,包括傩祭、傩技和傩戏。

傩祭由掌坛巫师主持,有"请师起建""开光点相""架桥迎兵""立楼扎寨"等程序,多为巫师的单人傩歌说唱。其中巫师的"踏罡步斗",是中国最古老的宗教舞蹈。

傩技名目繁多,有"上刀梯""过刀桥""踩红犁""衔红铁""捞油锅""开红山"等令人瞠目结舌的绝技。

"喜傩神"是一个傩仪和傩戏的组合。内含三十堂法事,其间穿插演唱傩坛正戏。这些正戏都戴着面具演唱。面具又叫"鬼脸子""假脸子",用轻巧、易雕、少裂、光滑的乌桕木和水杨柳木雕刻而成。傩坛正戏9出,共有14个角色。每个角色都有专用的面具。这些面具造型奇巧,与角色的身份和性格相吻合,且都采取镂空雕刻,戴在脸上,要求眼能见光,鼻可通气,嘴可传声。面具制成以后,除了打磨抛光以外,还要投放到滚油中,进行特殊的热处理,这样的面具永不开裂。

"喜傩神"的演唱趣味横生。在《跑报》一剧中,报子从桃源洞来到傩坛,为主家勾销良愿。他头戴面具,上身着红衫,下身穿五彩裙,手敲铜锣上场。他的动作滑稽,语言诙谐,令人捧腹。《赶牲》中的秦童是一个猪贩子,他戴着鼻斜口歪的面具,

一副搞笑的样子,把肥猪赶到酬愿人家。这出戏演唱之前,傩坛必须吃斋。秦童赶牲到傩坛以后,众人才可以开荤。在《搬开山》一剧中,戴着狰狞面具的开山,从桃源洞赶赴傩坛,要为主东"砍开五方招财之路,驱散不祥邪妖精怪"。谁知途中斧子失落,于是他请来打卦先生占卜,得知斧子落入东海龙宫。他下海寻斧,得知斧子被龙王三公主砍缺,又不得不请来铁匠打斧子。剧情诙谐幽默,令人忍俊不禁……傩坛正戏的剧目还有《搬仙锋》《笑和尚戏仙锋》《梁山土地》《判官审案》《春官贺喜》等。这些剧目无一例外都是喜剧,"喜傩神"亦因此而得名。它的这些剧目与辰州傩戏多有相同之处,说明两者之间是存在着某些渊源的。

## 十九、世俗故事是阳戏

五溪巫风盛行,各地巫师在冲傩还愿时,要演唱各种名目的傩戏。傩戏戴着面具演唱,敷演的都是阴间的神鬼故事,故又有"阴戏"之称。早年,终年演唱神鬼故事的巫师们,自感他们的演出过于重复、单调,为了吸引更多的观众,巫师们便开始将阳间的世俗故事也编成戏剧。这些戏不戴面具,而是涂面化妆演唱。这便是后来巫师们演唱的"阳戏"。阳戏、阴戏(即傩戏),在麻阳一带,后来再加上花灯歌舞,使巫师班的酬神演唱变得更加丰富多彩。人们称这种演唱格局为"阳、花、傩"。

五溪的阳戏按地域划分,可分为南路阳戏和北路阳戏。南路阳戏又称上河阳戏,流行于沅水上游的湖南黔阳、会同、靖州,贵州天柱、锦屏等地。北路阳戏则包括流行于沅水中游的沅陵、辰溪、凤凰等地的辰河阳戏和流行于白河,即酉水流域的永顺、保靖、古丈等地的白河阳戏。各地阳戏使用不同的当地方言,剧目大同小异,只是唱腔各有不同。历史上,各地阳戏名角辈出,深受群众喜爱。黔阳县有位名叫李法锦的巫师,因为在《刘海砍樵》一剧中扮演的刘海最为出色,人们便称呼他为"刘海",真名竟无人知晓了。

阳戏最有特色的剧目是小旦、小丑演唱的"两小戏"和小旦、小生、小丑演唱的"三小戏"。这些剧目大多以群众的日常生产、生活为题材,具有浓郁的泥土气息。传统阳戏剧目大多是喜剧。载歌载舞、幽默风趣的《盘花》,是"两小戏"的代表剧目,20世纪50年代曾风靡一时。"三小戏"《南山耕田》兴趣盎然,展示的居然是一个吃红薯的皇帝,看起来荒诞不经,细细品味却又合情合理。阳戏的音乐唱腔,曲牌多为上下句反复结构。南路阳戏曲牌男女分腔,北路阳戏曲牌则男女同腔。阳戏的主要伴奏乐器称为"瓮琴",由艺人自制,以小而长的竹筒蒙以蛇皮,声音略带瓮声,故称之。阳戏的表演艺术生活气息浓郁,地方特色鲜明。其中以最早的"二小戏"中的小丑、小旦最有特色。其代表性身段，小丑有"满台窜""半边月""三步半"等，小旦有"扯四门""驾妖风""边鱼上滩""双后种油麻""风摆杨柳""斑鸠揽豆"等。艺人们把日常生活、劳动的动作加以艺术化的处理，运用到表演中，如《南山耕田》中的耕田，《王木匠打嫁妆》中的做木匠活，《鸟莺晒鞋》中的绣花，《龚裁缝连衣》中的裁衣，《捡田螺》中的捡田螺，《南山扯笋》中的扯笋，《老龚舂碓》中的舂碓，《三宝舞龙》中的舞板凳龙等，都形象逼真，生动活泼，为群众所喜闻乐见。伴生于巫傩的阳戏，长期与花灯歌舞同台演出，相互借鉴与交流。在许多阳戏剧目里，都伴有花灯歌舞，为阳戏的表演艺术增色不少。

约在20世纪20年代前后，阳戏开始逐渐与巫师班剥离，成为独立的民间小戏剧种，各地纷纷建立职业或半职业的阳戏班社。阳戏艺人为了赢得更多的观众，开始编演生、旦、净、丑行当齐全的大型剧目，如《贫富上寿》《猿猴戏梅》《拷打金银》等。同时还把一些适合阳戏演唱的辰河高腔剧目，如《吊妆楼》《掉白扇》移植为阳戏。阳戏也随之成为既有"两小戏""三小戏"，也有大型本戏的剧种。一些阳戏艺人，如辰溪县的唐玉清等，后来转演辰河高腔，成为名角。同时，阳戏在群众中也得到空前普及。不论市镇与乡村，能哼唱几句阳戏的人比比皆是。

## 二十、锦江河畔文武灯——麻阳花灯

早在宋代，麻阳就有了新春观灯的习俗。陆游的《老学庵笔记》中有这样的记述："辰、沅、靖州蛮……俗亦类土著……上元，则入城观灯。"① 当时，新春玩花灯还只是城里汉人的事，苗族人只是观赏者。不知从何时起，苗人也玩起了花灯。《麻阳县志》有载："山城卢阳（旧县城，今名杜村）位于锦江之上……每年上元初至中元十五为灯火佳节，红男绿女，扶老携幼，锦其衣，盛其饰，扎灯鱼龙而戏之，以花炮灯绕而嬉戏之。笙歌悠扬，鼓乐振之。有二人对舞对唱者；有赋古而扮戏者；有数女手提花篮在一灯头率领下采茶歌舞者。一唱众和，歌声婉转，舞姿队形变化异常。"②

早年，麻阳的村寨、氏族多有灯班。每个灯班都有一热心此道且有声望的人担任灯头。灯班以祠堂公田中划拨出的"灯田"的进项作为活动的开销。麻阳人以灯班的红火作为村寨、氏族兴旺的标志。

---

① （宋）陆游：《老学庵笔记》，见《历代小说笔记选》（第一册），211页，广州，广东人民出版社，1982。
② （清）刘士元：《麻阳县志》卷九，《风俗》，同治十三年版。

花灯祭祀是灯班活动必不可少的重要内容。通过祭祀，祈求风调雨顺，国泰民安。灯班除了人手一盏各式各样的花灯以外，还有一盏村寨氏族专祀的神灯。其中既有苗族神祇，如盘瓠大王、飞山大王等；也有汉族神祇，如南岳大王、灵宝大王等。每年"完灯"，即花灯活动结束，神灯连同所有的花灯一同烧掉。唯独盘瓠神灯不能烧，因苗族以盘瓠为祖先神，盘瓠神灯不可烧。

麻阳灯班的活动都在夜间。出行时，有二人先行开路，一人举姓氏灯，灯上书写堂号，如田姓为"紫荆堂"，滕姓为"南阳堂"等。另一人下帖，通知邻寨，灯班将至。灯班进寨，神灯放下，谓之"扎营"。诸灯在村寨院落聚会，谓之"打圈"，要唱"二十八宿"，将前朝二十八位古人比喻为星宿。为群星聚会，吉星高照之意。随之进行花灯歌舞演唱。

早年，麻阳花灯由两个十岁左右的男童扮演小旦"灯姑娘"和小丑"癞花子"。二人在灯头的歌唱和锣鼓声中表演。只跳不唱，称为"摆灯"，又叫"哑子灯"。清末民初，一改男童跳灯，由成年男子且唱且跳，载歌载舞，称为"跳灯"。花灯的曲目，一些没有情节的，如《数蛤蟆》《十二月采花》《雪花飘》等，称"武花灯"，属于歌舞；一些有简单情节的，如《乌龟讨亲》《盘花》《扯笋》等，称"文花灯"，属曲艺范畴。麻阳花灯的音乐由民歌、小调组成，既有来自汉族地区的江南丝竹，如《好一朵茉莉花》等，也有当地少数民族的山歌、号子和傩腔。花灯的歌舞表演，有一套完整的程式。小丑的表演，以身体呈骑马桩，两脚梭跳而移动的"矮子步"最有特色；小旦的表演，则是以腰为轴心，摆动身体，扭身摇头。演唱时，小旦右手执折扇，左手持手帕。小丑则双手持折扇。通过变化多端地舞动折扇，组成一个个称为"套子"的身段组合，如"丹凤朝阳""鸳鸯戏水""双手种油麻""猴子观花"等。通过这些"套子"的连缀，表现曲目的内容。

清中叶以后，麻阳开始出现职业和半职业花灯艺人，其中最负盛名的是聂榜榜和张冒冒。他们都是巫师班里的巫师，既冲傩行巫，又演唱阳戏、花灯和傩戏，尤以花灯演技为最高。

1958年以后，麻阳花灯艺人经过多年努力，已将原属于歌舞和曲艺的麻阳花灯，发展成为民间小戏剧种——麻阳花灯戏。

# 梅山"千家峒"的田野考察

孙文辉[*]

## 一、梅山考察源起

梅山，是最后一片被湖南人发现，而至今还没有被完全认识的土地。

瑶族，是一个有着遥远的历史，却没有找到自己故乡的民族。

笔者是在完成了《草根湖南》和《蛮野寻根》之后，才把这两者联系起来，并意识到，这是一段已经散佚的湖南文明。

散，到处是一些文明的碎片；佚，已失去了一个整体的影像。

感谢非物质文化遗产的抢救与保护工作，让笔者走遍湖南，看到了湖南各民族、各地域渐渐退出历史舞台、行将消失的非物质文化遗产。正是由于对它们的抢救和保护，笔者才深入地了解到湖南多姿多彩的历史文化，特别是之前不太被学者们关注的民族民间文化。因此，笔者把自己的著作《草根湖南》称作"湖南民族民间文化解读"，将《蛮野寻根》称为"湖南非物质文化遗产源流"，并以副标题的形式置于出版物的封面上。

这两本书出版之后，笔者开始反思"梅山"与"瑶族"这两大课题。笔者注意到"瑶族文化"在瑶族同胞内部曾经沸沸扬扬，出版了不少相关的专著和论文，但始终没有真正意义上的突破。而"梅山文化"方兴未艾，文化学者比肩接踵，研究成果纷至沓来，但大多数眼光局限在梅山，忽视了奠定了梅山文化基因的原住民——瑶人。而这两者之间，恰恰有着割断不了的历史连接。

因此，笔者意识到，文化的研究必须站在一定的学术高度，在中国大历史、大地理的视角下，考察梅山文化和瑶族文化。要知道，以如今风行的无人机空中摄像来看

---

[*] 孙文辉，湖南益阳人，湖南省艺术研究院研究员，出版有学术著作《戏剧哲学》《巫傩之祭》《草根湖南》《蛮野寻根》《梅山蛮寻踪》《战争与非遗》等。

大地，我们熟悉的大地又呈现为一派新的景象。

在湖南文化的大系统中，瑶族文化是一条贯穿湖南历史始终、不可或缺的文化支脉；而梅山文化又是一个盘踞在湘中、辐射周围三湘大地的区域文化。在历史的时间与地域的空间交叉所形成的湖南文化的坐标上，有一个十分重要的交汇之"点"；在这个"点"上，由于人的活动，形成了一个影响湖南文化历史格局的重大事件——北宋时期的"开梅山"。开梅山，前前后后一百年，其结果是，梅山的地域文化发生了天翻地覆的变化，瑶族文化被迫南移，汉文化逐渐取得了统治地位。就在此时，瑶人①大规模、多批次地南迁，造成湘西南、湘南、华南近千年的动荡；而有文化的客家人迁入梅山，深山修炼，当中国社会进入风雨飘摇的晚清，新一代梅山人再次走出梅山，又一次深刻地影响了彷徨和停滞的中华文化。

既然说梅山是瑶人的老家，这里就有一个回避不了的问题：瑶人传说中的老家"千家峒"是不是也在梅山？如果说是在梅山，它在梅山的哪一个地方？

被瑶人世世代代寻找了千年的"千家峒"，近些年来，先后不止一次和不止一处地方被人"找到"。由于得不到普遍的认同，一些地方官员找了一些观点相近的学者和专家，发表"论文"，召开"研讨会"，回避《千家峒歌》和古文献中一些对自己不利的内容，按歌索峒，也取得了一些成效。

旅游得益了，但历史的真实却被掩盖。

但也有坦荡正直、坚持科学的学者，以实事求是的精神对待千家峒的寻找。为瑶族历史奉献了一生，也牺牲了自己爱人的费孝通先生（1910—2005），就是这样一位可钦可敬的学者。1988年，江永大远瑶乡的干部请他为江永"千家峒"题词，他写了两句话："瑶胞寻根千家峒，史实有待百家争。"十年之后的1998年，《千家峒运动与瑶族发祥地》一书的作者把"千家峒"的范围扩大到了包

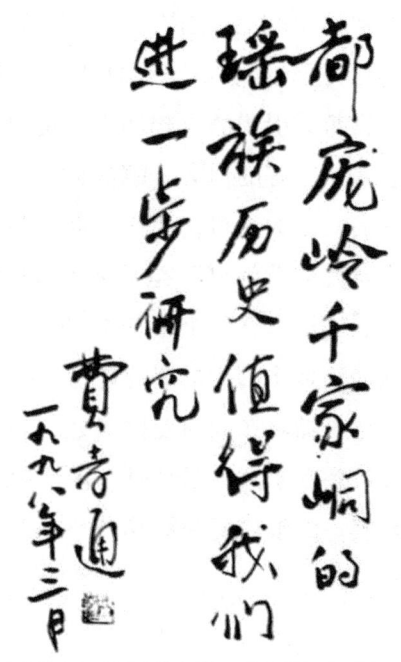

图1　费孝通题词

---

① 瑶人：在历史文献中，分别被写作"窑民""摇民""繇民""傜人""莫徭"，本文除引用个别文献未作更改外，统一写为"瑶人"或"瑶民"。

括广西灌阳、湖南道县、江永在内的都庞岭地区，并请费孝通先生题词，费老又写道："都庞岭千家峒的瑶族历史值得我们进一步研究。"

费老已经过世，千家峒仍然是一桩悬案。因此，到底存在不存在一个真实的千家峒，成为一团迷雾，也成为笔者心中一个解不开的结。

江永大远瑶乡千家峒的发现者宫哲兵先生曾把"千家峒的地形"概括为四点："（一）峒的四周高山环绕。（二）峒内有数十里平地。（三）一条大河贯于峒中。（四）一个石洞通往外界。"① 这四个条件中，第四点是一个很重要的点，宫哲兵在《妇女文字和瑶族千家峒》一书中还附有一张"穿岩洞内"的图片。这张图片中的"洞"令人生疑，第一，它不可能是一个数十里"丰原广地"的入口；第二，笔者到大远乡考察时，不见此洞，据说是"修公路时已经被炸掉"。——既然发现者拍了照，而这么关键的"历史证据"又被人为地炸掉，真的不可思议。然而，更重要的是，宫哲兵引用的"千家峒的地形"资料，并不止这四点，还有其中更重要的："（五）千家峒住着一千家人。（六）峒的形状好像'一只大浪簸。进出千家峒只有一个大浪口，那路是沿着一条小河去的'。（七）千家峒内马山为号"，等等。

何谓"峒"？在南方少数民族地区，人们把四周是高山，中间是平原、田土的地方称为"峒"。千家峒，就是能住一千家人的山间盆地。

宫哲兵引用的《瑶族文学资料》所载的这条地形特征很重要："千家峒住着一千家人，是个很好的地方。峒的四周高山环绕，中间是平地，好像一只大浪簸。进出千家峒只有一个大浪口，那路是沿一条小河去的。"②

这里的"浪簸"是一种很古老的农用器具，又叫"浪箩""懒箩"，它是椭圆柱形竹篓、竹簸，有一个很长的柄；农民用竹竿架起的三脚架，将浪簸吊在水面上浪动，能很轻松地将人类早期的食物——芋头的皮去掉。

这种器具在湖南农村多处使用，在土家族古歌《洛蒙挫托》中也曾出现过。宫哲兵在考察江永大远瑶乡时，不认识"浪簸"，因此对这段文字表示怀疑："大浪簸疑为大簸箕，大浪口疑为簸箕口"③，这一字之改，使整个地形与事实大相径庭！

---

① 宫哲兵：《妇女文字和瑶族千家峒》，205 页，北京，中国展望出版社，1986。
② 广西壮族自治区民间文学研究会：《瑶族文学资料》（内部资料），68 页，1962。
③ 宫哲兵：《妇女文字和瑶族千家峒》，215 页，北京，中国展望出版社，1986。

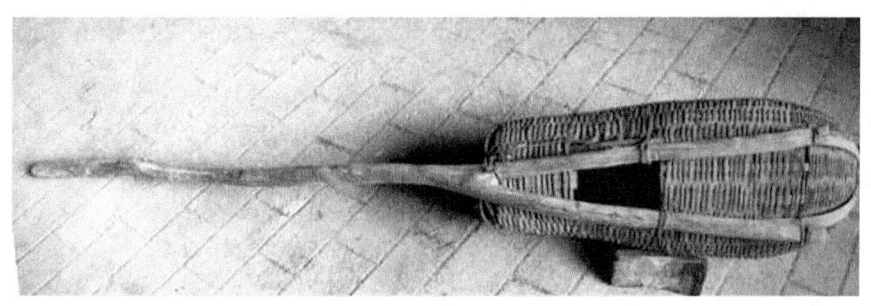

图2 浪簸

宫哲兵带着大队人马发现大远瑶乡千家峒，并没形成一个完整的田野考察报告。因此，他的发现没有很强的说服力，因此又引发了后来不少"千家峒"的发现。

自宋以来，在湖南这块土地上，湖南文化发生了延续至今的深刻变化。当年，北方文明南下，影响整个湖南文化格局的"开梅山"，让居住在梅山地区的成千上万的瑶人离开了这片土地，向西南漂泊。千百年来，散落在祖国大西南和流落海外的瑶人在苦苦地寻找自己曾经美好的家园，却总找不到回家之路……

为什么？

首先，是苦难的瑶族没有自己的文字，因此也就没有把自己确切的历史保存下来。他们只能依靠口传心授，传唱着一首古老的歌——《千家峒歌》，在心底里遥望自己的故乡。

其次，千百年来，由于视野的制约，人类的观察并不开阔，站在高山顶上，最多能看百里风光，进入万山丛中，睿智的学者也可能迷惑。传说那么遥远，古歌那么飘逸，不到一定的火候，还真难找到确切的答案。

我们是在坚持了十多年宏观的湖南民族民间文化研究之后，才来回望这段历史，通过当代的卫星云图，来验证和寻找一切可能的瑶人"千家峒"。于是，我们把目标锁定在新化县的西部，也就是古梅山的中部，并于2016年5月和2017年10月，两次对这个特定的区域，即娄底市新化县槎溪镇、洋溪镇、炉观镇、西河镇、孟公镇、琅塘镇，长达31.8公里、最宽处为3.9公里的狭长的溪峒地域进行考察。

考察内容包括：(1) 自然地理，包括地形、地貌及历史的变更；(2) 地名文化，包括山川、溪流、村寨、历史地理地名调查；(3) 遗址考察，包括村落、宗祠、墓葬，选择古山寨中的南山寨、千家寨、天马寨、壶峰寨做深入考察；(4) 宗族调查，包括族群的历史分布、姓氏文化，以及区域内大姓的重点调查（族谱、家谱）；(5) 民俗文化，包括生产、生活习俗，方言；(6) 民间宗教文化、丧葬文化考察。

古梅山地区是瑶人居住的地区，自宋开梅山之后，瑶族文化从这一地区消失；而湘南、两广、中南半岛，乃至迁居于欧洲、美洲的瑶人，世世代代都在寻找自己梦中的家园——梅山千家峒。

为寻找千家峒，世世代代的瑶人前赴后继，在南方的大山区中找寻，发现了一些，却得不到全体瑶人的认同。那里，并不是《千家峒歌》所描述的地方。

## 二、考察前的学术准备

每次田野考察，笔者都要做好各方面比较细致的准备。比如相关的学术准备以及人员组织、交通路线和设备、日程安排等。

其中学术准备包括：（1）相关的历史知识（包括调查课题核心内容的历史事件与人物、地方史志、相关文献）；（2）考察点的地理知识（包括历史地理、地形地貌、相关水文气候等）；（3）居民的历史状况、生活习俗等。笔者把这些准备称之为"做作业"。

现将相关的学术准备择要叙述如下：

（一）关于古歌《千家峒歌》

进行田野考察绝不能盲目而行，对考察地的历史知识的学习是决定此行成败的关键。

千家峒是瑶人世代居住的地方，这在《宋史》中有准确的记载。但为什么瑶人离开了这个地方，这就与宋"开梅山"有关。开梅山是怎么回事？必须有所了解。

历史文献是我们寻找千家峒的首要资源。文献是极为重要的，虽说它来源不多，有时也莫辨真伪。直接描写千家峒原始居民"梅山蛮"的材料极少，在宋之前，人们对"梅山蛮"知之甚少，因此多是轻描淡写。只有北宋开梅山时，当事人的记述才让我们捕捉到些许历史的真容，这难能可贵。其次是瑶人辗转抄录、侥幸留存下来的《评皇券牒》《梅山图》，以及瑶人口传史、由后人记录下来的《千家峒歌》。

方志与族谱是我们了解瑶人迁徙、生产、生活信息的主要来源。现存的地方志大多修纂于清代，因此对于明清时期的瑶人史料大多可信可采。而家谱却要认真辨识，其中迁徙始祖之前的材料不可轻信，而迁徙至当地的始祖记录基本真实，但也难免虚构荣耀、文过饰非。

《瑶人经书》《盘王大歌》以及各地山歌，傩祭科仪、傩戏、傩歌，是我们了解瑶人民间风俗、精神生活的重要来源。这一方面的资料，大多来自地方的文化专家。笔者走到哪里，都有当地的学者和传承人无私地提供他们的著述和珍藏的相关资料。在千恩万谢之后，笔者也期望这一次能得到帮助。

具体到此次考察，瑶胞流传的古歌《千家峒歌》是田野考察的重要依据，有必要摘录如下。古歌唱道：

  细声问，问仙北京管几州？三层青云管几省？顺天殿府谁为头？不使问，北京管下十四州，三层青云管下五十五县，顺天殿府王为头。细声问，千家峒口在哪边？云雾纷纷起眼照（看不见），青山石岭路难行，云雾暗渐千家口，石岭脚下是峒头。漂游行来千家峒，斩败青山种落地。日头出山照塘基，寒棚野鸭水面遮，日头出早鸭落水，齐齐凉水拍翅啼，日头出早照青山，千家峒口雾纷纷，云雾飞散日当照，牯牛犁田早出门，日头出早白石岭，半边日出半边阴。照着照见三江口，半暗青山半水清。日头早出白石岭，千家峒头百样青。人屋担禾屋背晒，日落石岭禾回厅，日头出早白石岭，水过龙门白石中。日头过江天阴暗，江水行流演黄龙。日落白石岭背庄，姊妹齐齐过莲塘，莲塘水面白净朵，手捷莲籽四行香。日落江，黄蜂过口含糖，黄蜂含糖归结苑，姊妹回头过篱巷。日落流，牯牛里累（成群结队奔跑）下江归，巷头齐齐拦温满，犁破平田休不催。日落流，大峒平田好种禾，晃过七月十五节，平峒黄禾底比沟（禾穗勾头）。细问妹，千家峒头有几明，四方八角几井水，谁姓之人开大田？不使问，千家峒头苗（妹）贱知，四方八角九井水，石岭平田唐姓开。细问妹，锄头出世问妹知，当初锄头谁人打，谁人打过开平田？不使问，千家峒头苗（妹）贱知，当初锄头李姓打，唐姓子孙开田基。细声问，细问王瑶出处乡，当初出处谁地当（什么地方）？漂流过海落谁方？不使问，瑶人出处苗贱知，瑶人出处武昌府，漂流过海到千家。云雾暗渐千家口，十二姓瑶人落峒中。安住立屋开耕种，斩破青山又起根。冯姓姊妹入峒来，西峒峒口开田台。耕种五谷禾米好，姊妹宽游心意开。黄姓姊妹入峒来，半种平田半种山，青山好种田好种，姊妹宽游年过年。邓姓姊妹入峒村，一成耕种二成粮，大峒平田真好种，黄粮禾米好丰登。李姓姊妹在西峒，二成青山又田塘，田塘草青山出宝，四季宽游心不忧。胡姓姊妹四峒宽，屋底田塘屋背岭，宽游过日无愁忆，歌词挂口不曾停。周姓姊妹落三峒，岭园内里好平田，年成好尽人丁旺，六月好过冬无冷。包姓姊妹在五峒，青山脚底好平田，青山宽来平田广，阳春回头无万千。唐姓姊妹在六峒，平田好种禾好收，阳春回头无沙数（很多），宽游过日无心忧。沈姓姊妹落七峒，青山平田好种春，五谷黄禾无沙数，一年耕种吃三春。盘赵二姓落上峒，屋前田塘无万千,二姓姊妹好耕种,宽游齐共过长年。……京差入峒问粮行,蒋大官人发大兵,姊妹众会商量计,齐齐退下外当行。日出日行月出行,姊妹行水又行岸,行来广东乐昌府,朱玑巷中又落根。①

关于千家峒的传说,有各种各样的版本,这些版本都记录于民间的传唱。民间的传唱有着很大的变异性,因为传唱者会根据自己的阅历和知识对传承下来的文本进行增删和"创造"。因此,以这种极易变异的非物质文化遗产来诠释历史,总有偏差与误读。而《千家峒歌》这首古歌,因记录较早,没有掺杂编辑者的主观臆断。

(二) 开梅山后,文献所记载的历史

瑶人失去故乡,只能四处流浪。但湖南的生存环境对他们不利。官方的历史没有记录这些"不利",但记载了对瑶人反抗的镇压。

宋代开梅山之后,瑶人向西南方向迁徙,试图寻找新的安身之处,但并不顺利。湖南西部和南部,都已聚居了汉人、苗人与侗人,偶有偏僻之处,也容不下举族迁徙的大批瑶民。整个宋朝,民族矛盾日益尖锐,瑶人的反抗与官方的镇压开始频繁地出现在史籍之中。这里择其数处介绍。

宋神宗元丰元年(1078)瑶人在辰州、沅州起事,被州兵击散。元丰二年(1079)辰州瑶民起事,官方一边抓捕,一边招抚,得以安定。② 自此之后,瑶人在湘西、湘西南一带辗转。

宋哲宗元祐三年(1088),湖南西南少数民族起事频繁,朝廷无力征服,于是下令:诸路所开道路和创置的堡寨均废除,对邀功惹事的边境官吏实行严惩,对擅杀蛮人的都置之以罪。③ 这种对道路和关卡的开放,明显是针对迁徙的瑶民。

元祐八年(1093),来到东安县里溪峒(今紫云山一带)的瑶人闹事,县令徐处仁亲临里溪,招抚瑶民。两年之后,东安瑶民再次闹事,遭永州通判阮之武率兵镇压。④ 请注意:由于有南岭横亘,瑶人迁往广东、广西,东安是必经之地;迁徙人群密集,极容易发生冲突。因此说明,瑶人走出梅山,此一时期已达到湖南与两广之边境。

徽宗崇宁二年(1103)正月,辰溪瑶民起事,攻入县城,杀死县令。徽宗政和元年(1111)瑶酋黄安俊围攻镇江寨(今黔阳),沅州知州事张建侯与卢阳(今芷江)

---

① 湖南少数民族古籍办公室:《盘王大歌》(下集),162页,长沙,岳麓书社,1988。
② 卓康宁:《湖南千年农事录》(内部资料),231页,2008。
③ 卓康宁:《湖南千年农事录》(内部资料),234页,2008。
④ 卓康宁:《湖南千年农事录》(内部资料),234~235页,2008。

县令王宪之率兵镇压，张建侯与王宪之兵败，被处死。徽宗宣和七年（1125），道州瑶民又起事，不久平息。① 没有走出湖南的"梅山蛮"，仍在向西、向西南方向迁徙并受到钳制。

光宗绍熙三年（1192），辰州瑶人起事，攻打邵州。② 是否想打回老家，今人已不得而知……

进入元代，有史料证明部分瑶人还是在自己的家乡——梅山附近一带盘桓，道光《晃州厅志》卷二十四载："至元十四年（1277），安抚司同知郭昂招降溪峒蛮八十余寨，播州张华聚众容山，昂率兵讨之。十六年循西南界，复新化安化二县，擒剧贼张虎。"

元朝统治者在湖南政局平稳后，开始"以蛮治蛮"，流离颠沛的瑶人得到暂时的喘息。但好景不长，大部分瑶人刚刚平静的生活又被扰乱。《千家峒古本书》较为详细地记载了这段历史：

（元）大德王九年（1305）三月十九日，众瑶人起脚出千家门楼来上桑木源，过了枫木四下了云盖，来到道州浮桥，过了三日三夜不断丝。道州太爷差兵出来，取断浮桥，有一半转回九嶷山，有一半过了永明地界，妻离子散，看哭纷纷，回头一看云盖岭，眼泪流，不舍分离。亲生骨肉也难离。众人寻江水上桃源洞。大德九年三月二十六日，来到源江入西江河。奉人住奉元口，黄人住在黄家濯，盘人住在盘洞，翟人住在翟茅塘村，李人住李家村，何人住何人洞。又到（元）仁宗元年（1311）十一月二十六日卯时，黄贵十九立茅塘村，周三公住在木簧村。又（明）正德王元年（1506）三月十九日立石口村，十一月初十立松木寨。又到嘉庆三年（1789）立上洞，招大浪水，安冲南江源，立满上下十二寨，为伸家洞。③

这件原存于广西恭城县势江乡的《千家峒古本书》，无论在转抄中有多少讹变，但对照史籍，对这一过程的记述比较真实。道光《永州府志》卷十七《事记略》载：元大德"九年（1305）正月，瑶贼陷道州万户，郑均击走之"。十年"冬十二月命不颜不花讨瑶贼"印证这一事件的真实性。

---

① 卓康宁：《湖南千年农事录》（内部资料），240～241 页，2008。
② 卓康宁：《湖南千年农事录》（内部资料），260 页，2008。
③ 《过山榜》编辑组：《瑶族〈过山榜〉选编》，112 页，长沙，湖南人民出版社，1984。

在元代后期，瑶人与官府的冲突更频繁地出现在史家的记述中，其中规模较大的是元至正七年（1347）五月至九年（1349）十二月，瑶人吴天保起义。这一时期，瑶人已进入两广。

进入明代，由于王朝对少数民族采取了比较强硬的措施，湖南瑶人的日子也异常艰难。

明洪武二年（1369），郴州瑶首罗福率民起义，茶陵卫千户所刘保领兵镇压，并于郴城设立守御千户所。洪武三年（1370），瑶族首领奉虎旺聚集九嶷地区邓、盘、赵、郑、陆、刘、雷诸姓起义，境内瑶民杜回子、冒阿孙等响应（道光《永州府志·事记略》）。洪武五年（1372）起，为防瑶乱，各地均将土城改建为石基砖城，郴城、长沙、衡州（1372）、常德（1373）、永州、澧州（1404）、衡阳（1465）、辰州（1469）、新宁（1470）、临武（1473）、黔阳（1492）、耒阳（1511）、新宁（1512年复修）、永顺（1513）、桂东（1514）、祁阳（1602）等一大批城池，均在明代建成。明代，瑶人除早已迁徙至广西、广东外，又有一批批居无定所的瑶人进入云南、四川和贵州。

清代对少数民族实行"以苗治苗""以瑶治瑶"的政策，民族矛盾有所缓解，但瑶人的生活并无好转，因此压迫与反抗依然存在。史料表明，仍然有瑶人生活在梅山边缘的洞口和溆浦。康熙五年（1666），洞口罗翁山瑶族首领沈怀山、克绍宇举兵造反，黔阳知县张扶翼配合沅州清军，联合武冈驻军进行镇压。① 清世宗雍正元年（1723）溆浦回姓七姊妹与汉族土豪廖翁元发生战争，廖翁元报请朝廷，血洗瑶山。② ……

我们罗列以上并不详尽的瑶族战争、迁徙史，为的是让我们真切地感受瑶人那千年血泪交融的生活。自宋、元、明、清以来，湖南少数民族的斗争，除了苗族、侗族等在个别时期有强烈的反抗之外，凝聚着的全部是瑶人的血泪和苦难。

清道光十一年（1831），湖南省江华县爆发了赵金龙领导的瑶民起义，队伍发展到一万多人，占领了湖南、广东、广西三省交界处的十多个县。这支武装队伍以祭祀盘瓠为名，举行还盘王愿的活动，喊出"打回千家峒"的口号。

自有史记载起，瑶人就安居在湖南。他们不是没有自己的家园，而是历史逼迫他们离开了自己的家园，开始了千年的流浪。瑶人保存的文献《评皇券牒》也记载了他们的迁徙路线。

南宋时，瑶人在省境内流浪。元代，瑶人走出了湖南，"三个翁分开，一捻（支）

---

① 《二十世纪湖南文史资料文库》编委会：《湖南瑶族百年》，73页，长沙，岳麓书社，2000。
② 《二十世纪湖南文史资料文库》编委会：《湖南瑶族百年》，84页，长沙，岳麓书社，2000。

下南海,一捻(支)下交趾(越南方向),一捻(支)下广东道韶州府乐昌市安居"。然而,在广东韶州的这支依然无法安身,在明代成化年间,"十二姓板瑶又得移居,过天鹅冲,入金竹坪,过青蛇岭,一路入广西山头游转:一捻(支)入古蒙州(广西蒙山),一捻(支)入瑶州。因为百姓又来打古蒙,发入中良,又入大凳、六牛、滴水、罗运(均在广西金秀境内),四处游转"①。

看另外一支迁徙的队伍:"洪武元年(1368),盘赵二姓会合至桂林省落居,住二代;又到广西平乐府东门八宝村落居,住一年;又到洪武皇四年(1371),冯姓走过连州羊牯山落业三年,在后,冯姓改回鸟子凤,会合盘明月,赵宗现桂岭住一代,得见洪武三年改立江华县。又到宣德皇二年(1427),住麻江冲落业。又到永乐皇十二年(1414),住到务江村天师庙居住一十二年,又到洪武皇元年,万古千秋。"②

由广东连山县瑶山下必冲的瑶民赵天财抄录于民国三十年(1941)五月二十八日的《过山榜》,概述了赵姓瑶人辗转于广西、湖南、广东三省大山之中的迁徙经历,在这"流水账"的背后,同样是一支宗族实实在在的苦难。

反复辗转,瑶人寻找到的栖身之所依然条件艰苦,资源匮乏,他们找不到连片的土地,他们的居住也呈现"大集中、小分散"的状况。

在湖南的蓝山荆竹、江华湘江公社、江华竹市公社、蓝山紫良公社、江华中和公社、广东连山县瑶山下必冲均发现有这类文书的存在。这些文书被瑶族学者称为《十二姓瑶人来路祖途》。

(三)《梅山图》说明瑶人家在梅山

在瑶族的古籍中,让人感到兴奋的不是《评皇券牒》,不是《千家峒歌》,而是那件发现于广西恭城县观音瑶族乡水滨村周安富家中的《梅山图》。

之所以让人兴奋,是因为恭城《梅山图》所承载的历史真实高于《评皇券牒》和《千家峒歌》。在民间口传史和古代文献中,由于辗转流传,传承人常常根据自己的知识和理解,对文本有所增删和改变,但对画像却不一样,画像是临摹,往往忠实于原作,具有原真性。在恭城,一些瑶族老人谈到自己祖上的家园时,多次提到"千家峒"这个地方。

这幅《梅山图》共画有 759 个形象,其中男性 530 个,女性 229 个;各路神祇约 460 尊,祖先像约 250 个(其中俸姓 180、盘姓 50),师公像 40 个。除此之外,还有祭

---

① 《过山榜》编辑组:《瑶族〈过山榜〉选编》,110 页,长沙,湖南人民出版社,1984。
② 《过山榜》编辑组:《瑶族〈过山榜〉选编》,29 页,长沙,湖南人民出版社,1984。

图3 《梅山图》（恭城瑶族博物馆提供）

祀乐手、厨师、猎人及恶鬼等形象。梅山图中神祇、师公、鬼神、凡人、祖先等各路人像纷繁复杂，名目甚多，构成了一个涵盖天上、人间、地狱的奇异的精灵神鬼世界。这种长卷式的神图，在今梅山地区和湘西还存在，还在使用。如梅山文化研究者易行舟在新化县青石街袁建和家发现的明万历四十四年（1616）的《梅山图》，安化学者李翔在安化县丰乐乡发现、收藏的清光绪元年（1875）的《梅山神图》，以及沅陵等地仍在使用的"桥菩萨""功德"的图像等。

**图 4　李翔收藏的清代《梅山神图》**

总之，恭城《梅山图》告诉我们这样一个事实：瑶族，自宋开梅山之后，从他们的故地梅山（今新化、安化）出发，向西南方向迁徙，走出了湖南，走向了广东、广西，乃至海南、越南，还有一部分人漂洋过海，到了更远的地方。

（四）寻找千家峒

越是漂泊的民族，越是怀念自己的故乡。为了寻找千家峒，一代又一代的瑶人踏上了寻根苦旅。这些都有文字记载。

1931年，广东连山、连南等地的瑶民就曾前往广西、湖南、浙江等地寻找千家峒。

1933年，湖南江华瑶民赵明禄等3人发起组成15人的寻根"先遣队"，变卖家产，在广西一个名叫"石碧洞"的地方找到千家峒。他们在这里生活了一年，但种下的庄稼颗粒无收。由于生存环境极其恶劣，第二年冬天，他们不得不撤离此地。①

1941年，以广西大瑶山为中心的近十县瑶民，由于不满国民党政府的统治和山主的压迫，掀起了向千家峒武装迁徙的运动。他们派人宣传："瑶族出盘王了，他要我们都回祖先居住过的千家峒生活。"但千家峒在哪里？他们并不确切知道，准备打出瑶山后，一路走一路找。1941年农历八月初一，瑶民按计划出发，他们打着红旗，扛着刀枪，冒着倾盆大雨，向蒙山县武装迁徙。这支队伍最终遭到了国民党军队残酷镇压。②

---

① 谭立安：《湖南江华等县瑶民寻找千家峒的几个事例》，见宫哲兵：《妇女文字和瑶族千家峒》，266页，北京，中国展望出版社，1986。

② 田梦清、唐永文：《一九四一年广西大瑶山千家峒运动始末》，见宫哲兵：《妇女文字和瑶族千家峒》，269页，北京，中国展望出版社，1986。

20世纪40年代，江华县湘江乡流传着祖孙三代前赴后继寻找千家峒的故事，他们找到道县韭菜岭，以为找到了千家峒，但经过艰苦的努力，仍无法生存，不得不搬回江华居住。寻找千家峒的三代人，苦难一生，最后的第三代也在1949年于贫病交加中死去。①

1957年，广西恭城县、灌阳县瑶民在周生隆、周昌和两位乡长的领导下，选派几十名代表，外出寻找千家峒。不久，这件事被定为"反革命事件"，两位乡长被判刑，直到20世纪80年代才平反。②

20世纪60年代后期，宁远一名青年教师外出一年多，寻找千家峒。③

20世纪60年代，湖南江永县大远乡的赵顺德、赵顺旺两兄弟以打猎为名，花了几年的时间，在湘、粤、桂交界的山区寻找千家峒。

1975年，广西荔浦县、永福县有几百名瑶民离乡背井，聚集在全州火车站，目的是要回到千家峒生活。④

20世纪80年代，荔浦县瑶民赵德标继承爷爷、父亲的遗志，寻找千家峒，几次登上都庞岭顶峰韭菜岭，最后在湖南江永县大远乡落户。⑤

……

进入新时期，文化研究的风潮涌动，民族民间文化得到了高度的重视和普遍的认同。在瑶族文化领域，寻找千家峒成为众多文化工作者的追求。同时，人们也不断地宣称：找到了千家峒。

但任何一个千家峒都得不到全体瑶族人的认同。每一个千家峒都可能是瑶族人居住过的地方，却都不是全体流浪过的瑶族人在很久很久以前失去的家园。

梅山，是他们真正失去了的家园！

---

① 谭立安：《湖南江华等县瑶民寻找千家峒的几个事例》，见宫哲兵：《妇女文字和瑶族千家峒》，北京，中国展望出版社，1986。
② 薛磊：《一九五七年广西恭城县千家峒事件始末》，见宫哲兵：《妇女文字和瑶族千家峒》，273页，北京，中国展望出版社，1986。
③ 谭立安：《湖南江华等县瑶民寻找千家峒的几个事例》，见宫哲兵：《妇女文字和瑶族千家峒》，265页，北京，中国展望出版社，1986。
④ 宫哲兵：《寻找千家峒》，载《民族团结》，1998（7）。
⑤ 唐永文：《近年来广西荔浦瑶民寻找千家峒的有关情况》，见宫哲兵：《妇女文字和瑶族千家峒》，276页，北京，中国展望出版社，1986。

## 三、考察计划

2016年4月18日,笔者制定了《梅山地区历史文化田野考察计划》(以下简称《考察计划》),并报告了湖南省文化厅非物质文化遗产保护处、省艺术研究院和娄底市文广新局:"为更确切地了解湖南民族民间文化的历史与发展,解开本人在民族历史研究工作的疑虑,将对古梅山地区一个特定的区域做一次深入的田野考察。"

1. 考察区域

娄底市新化县城、槎溪镇、洋溪镇、炉观镇、西河镇、孟公镇,这一狭长的溪峒地域。

2. 考察内容

(1) 自然地理,包括地形、地貌及历史的变更。

(2) 地名文化,包括山川、溪流、村寨、历史地理地名调查。

(3) 遗址考察,包括古山寨(天马寨、壶峰寨、南山寨、千家寨、维山寨)、村落、宗祠、墓葬。

(4) 宗族调查,包括族群的历史分布、姓氏文化,以及区域内大姓的重点调查(族谱、家谱)。

(5) 民俗文化,包括生产、生活习俗,方言("河西凼里,河东山里")。

(6) 民间宗教,重点在古傩文化。

3. 考察时间

2016年4—5月,暂定7天。

4. 考察路线

新化县(请教当地文化专家、考古专家)→槎溪镇(石门口、南山寨)→洋溪镇(千家寨)→炉观镇(炉观河下游三江口金滩)→西河镇(石岭)→孟公镇→琅瑭镇。

5. 考察组成员

孙文辉　湖南省艺术研究院研究员,负责策划、撰写考察报告;

田祖国　湖南大学体育学院教授,负责协调、驾驶;

谢伦芳　娄底市非物质文化遗产保护中心主任,负责向导、联络、方言翻译;

但　勇　湖南大学体育学院研究生,负责记录、后勤。

6. 经费(自筹、自理)

7. 成果体现

《湖南梅山地区历史文化考察报告》

《考察计划》提出后,我们立即得到相关部门的支持。2016 年 5 月,我们沿资水支流大阳江的槎溪出发,一路向北,对这个特定的区域——娄底市新化县槎溪镇、洋溪镇、炉观镇、西河镇、孟公镇、琅瑭镇,长达 31.8 公里、最宽处为 3.9 公里的狭长的溪峒地域进行考察。

2017 年 10 月国庆期间,笔者再次赴这一地区做补充考察,经宁乡密印寺,至芙蓉山、白溪镇,沿峒中的大阳江溯流而上,经琅瑭镇、孟公镇、西河镇、炉观镇、洋溪镇。一起考察人员有谢伦芳,湖南人文科技学院石潇纯、周探科一行,省民委研究所龙晔生夫妇、娄底非遗科李晓容、海文非遗馆黄海文一行。

2016 年 5 月 12 日,我们开始了对梅山大峒的考察。

## 四、考察日志

### (一)前方是个"大浪簸"

2016 年 5 月 12 日,我们从新化县城出发,首先来到的是槎溪镇石门口村。这里正是进入"浪簸"形大峒的唯一通道。"石门"为两山夹一溪,溪边有一条小路进入峒区,而两山之前横有一座山峰,正好把石门遮住,使峒口不易被外人发现。后来此地修半山水库,小路改道,后拓宽为 312 省道,仍然蜿蜒在这一狭长的两山之间,成为进入这一区域的要道。经询问,这条"小河"名曰"洋溪"。洋溪与横溪交界之处即为槎溪镇。槎溪,槎读"差"(chà),与梅山话"叉""岔"同音;"槎溪"这一地名应是两溪交叉之处,因此亦可写作"叉溪"。

图 5　一条通往大峒的谷底小路

我们离开石门村，来到凤阳村，站在山梁上俯瞰这一峡谷，果然如"浪篆"之柄，通往大"篆"——远方辽阔的峒区。

在凤阳村，我们了解到在民国年间此地还居住有一丁姓的瑶人家族，几兄弟在山腰建有房屋，人口在鼎盛时期达数百人。丁氏家族靠打猎为生，因为山是汉族地主的山，他们打猎时还得缴纳一定佃金。由于瑶族古训规定不许与外族人通婚，文化的阻碍与生活方式的落后使其家族日渐衰落。至20世纪70年代，当地只剩一单身瑶人。最后，此人去世，这一地区的瑶族居民就此消失。

我们到达洋溪镇，见到洋溪镇文化站站长罗钦，提出想去千家寨或南山寨。罗站长说："久雨刚停，千家寨山高路险、山路泥泞，绝对上不去；而南山寨，年纪大的也上不去。"

我们说："既然来了，不可退缩，那就上南山寨。"

在此之前，我们拜访了当地学者谢五八。他写过一篇文章，叫《新化古山寨调查》，记述了卓望寨、天马寨、壶峰寨、南山寨、千家寨和维山寨六座古山寨的基本情况。这六座山寨，有五座出现在新化西部地区，这也是我们对这一区域感兴趣的原因之一。

而南山寨位于洋溪镇南山寨村境内，距千家寨10公里，因山处洋溪之南，故名。山上有南山寺，寺为明代中叶之建筑，今已不存。今寺由85岁的师太释超凡主持重建。谢五八认为，新化古山寨作为"梅山蛮"的据点，最初是作为聚居和防御之所而存在的，后来可能演变成纯军事据点了，再后来变成了宗教场所。我们对南山寨兴趣更大，决心上山顶看看。当地村民用柴刀为我们披荆斩棘开路，经过近三个小时的攀援，我们爬悬崖、登陡壁，终于登上峰顶。

在山顶观察，没有发现任何古代遗迹。但这里视野开阔，是一个极好的瞭望哨所。周围方圆百里沟谷道路尽收眼底，这对山寨的守护有着十分重要的意义。

下山来到峒中，我们感觉到这里真是一块狭长的山间平原。远处，东方与西方，连绵不断的山脉形成了左右两道长长的屏障；向北望去，一条大路通往远方，虽有山丘高地，但更多的是耕地田原。万山丛中有这么大片土地，不入峒中，很难知晓。

同时，在这一地区被当地人称为"圤共"的水田特别多。"圤"读 dàng，也写作"凼"或"氹"。《千家峒古歌》中把田地分为"平田"与"田凼"，古歌唱道："李姓姊妹在西峒，二成青山又田凼"，"盘赵二姓落上峒，屋前田凼无万千"。梅山俗语说："河西凼里，河东山里"（资水之西田凼较多，资水之东山多），站在南山顶上一望，正是这样的景象。

正是由于这种地形，穿越湘中的湘黔铁路、娄怀高速公路和沪昆高铁，都是从这一山间平原穿峒而过。

2017年10月，我们再次来到洋溪镇时，登上了千家寨峰顶。峰顶有一"千家寨极乐寺"，古寺已毁，新寺正在旧址上兴建，碑刻等无迹可寻。我们登上寺后海拔906米的峰顶，能瞭望周围百十里，无疑，这是古代瑶人又一处绝佳的瞭望哨所，对于保护大峒内的居民有着特殊的意义。

据谢五八《新化古山寨调查》所述，千家寨顶部呈一口大锅子形状，"锅底"有2000平方米左右的面积，且"锅底"四周古木参天，树荫蔽日，藏数千人都不成问题。这种地形在千家寨的确存在，但以此来藏身，临时性躲避有可能，但稍长一点时间（如十天半月）就很难想象了。

从洋溪镇往北，我们驱车来到了炉观镇三江口村。

（二）红光洒满三江口

进入炉观镇，我们对这一地名的来由颇感兴趣。问当地干部、村民，均不知来由。考察组成员谢伦芳是新化人，他认为"观"即方言"江"，"炉"有可能是"芦"，炉观，可能是"芦江"——芦苇之江。查瑶族古籍《王书歌》："来贵地，芦苇根茎铺地来，芦苇长在三江口，妹来贵地搭歌台。"①证明古时，三江口一带，芦苇丛生，当地完全有可能命名"芦江"。根据这一古歌，说明炉观一带，也是瑶人祭盘王和赛歌的歌堂之所在。

古歌《千家峒歌》唱道："红光洒满三江口，半暗青山半水金。""三江口"是一个不容忽视的目标，而炉观镇三江村就是我们2016年考察的主要目的地之一。

图6　千年樟树里包裹着古枫树

各地双江口较多，但三江口并不多。三江汇合并为一江，实际上是四水相交的地形水貌了。而以往很多文化学者对千家峒的寻找，都有意无意地回避了这一特征。

我们来到三江口时已是傍晚。在这里，我们见到一株古樟树包裹着一棵更为古老

---

① 湖南少数民族古籍办公室：《盘王大歌》（下集），9页，长沙，岳麓书社，1988。

的枫树。据瑶人口传民间故事,千家峒内有一株高大的德芎树,农历三月才开花,它像布谷鸟一样,催促瑶家不违农时。所谓"德芎树"就是枫树,三江口的农民告诉我们,这株古樟树上千年了,里面的枫树更是超过千年。枫树,正是三月开花的树种。

我们没有仔细研究老树,而是被这里的地形所吸引。我们注意到这里正是:云溪(又称炉观河、芷溪)、洋溪(又称小洋江)、汝溪(又称敏溪河、桃林河)汇聚的地方,三溪在这里汇聚之后成为大洋江,而后注入资江。大洋江是资水的一级支流。

我们用相机拍摄,无法体现四水相交的水文地貌,惆怅之际,村里干部告诉我们,可以航拍。原来村里有人能用无人机拍摄,他们立即通知一位叫何志文的年轻人来江口。何志文骑摩托车来了,他用自己购买的小型无人机进行高空拍摄,让我们从另一角度俯视三江口。第二天一早,他又给我们补拍了一张更为清晰的照片。

图7　航拍三江口

从调查得知,这个三江口还不是当年的三江口。数百年前的洪水,使炉观河曾有过一次改道,让三江口村从三面环水的河洲,变成了如今的地形。

查嘉靖《新化县志》,正有如下地质灾害的发生:"嘉靖元年(1522)壬午,大水横流泛溢,山石崩裂。""七年(1528)戊子二月二十二夜一鼓,地震,有声如雷,自西南而东,屋瓦掣动,鸡犬鸣吠,邑人皆惊。八月二十四夜二鼓,复震如前。"在炉观河改道之前,三江口仍然为三江口,只是江口的位置有所移动。

瑶人古歌《千家峒歌》唱道:"日头出早白石岭,半边日出半边阴。红光洒满三江口，半暗青山半水金。日头出早白石岭，水过龙门石谷中。日落山阴映江水，江水行流似金龙。"①

经实地考察，三江口洋溪上游，东部正有一座"白石岭"，今称"白山岭"。白山岭下就是新化古台山金矿。自古以来，人们都在洋溪河沙里淘金。洋溪改道之前，炉观镇金滩村正坐落在洋溪河畔；溪边的景色，也正是"红光洒满三江口，半暗青山半水金"，"日落山阴映江水，江水行流似金龙"。

我们从三江口村行走至金塘村魏家山，村民告诉我们，这一带曾经有很多挖金矿的遗址。热心的村民把我们带到河边的一片小树林中，告诉我们，这里曾经是瑶人挖金的地方。瑶人挖金很特别，他们在河边挖直径

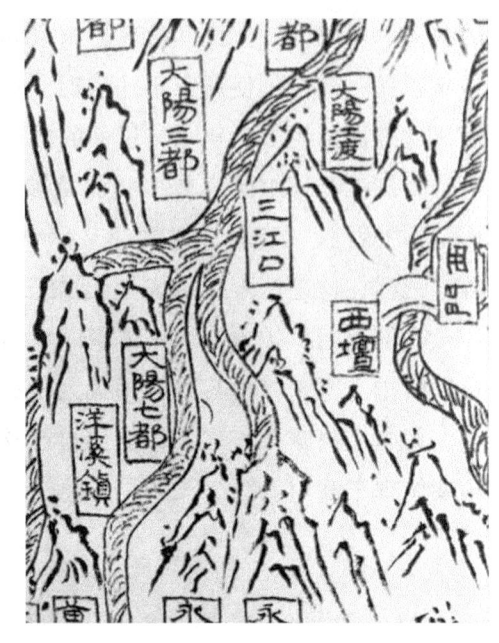

图8 嘉靖《新化县志》中的三江口

60~70厘米、深达10~20米的洞进去掘金。掘金是一门古老的技术，今已不传。我们看到，从洞中挖出的石头很漂亮，村民们常用来垒猪圈或矮墙。掘金洞遗址上的洞很多，但由于对小孩造成危险，都被村民填平（下图）。

我们走访魏家山村民，村民告诉我们前不久这里发生了一桩未遂的盗墓案，说是在洋溪河对岸的山崖上，有盗墓集团出资两三百万元，带着仪器挖掘古墓，被当地人报案，盗墓者被当地派出所带走。我们立即去实地察看。但由于没有船只过河，对岸又是草苇丛生，无法靠近，我们只能望岸兴叹。一位村民告诉我们，古墓有青砖，他建房时曾取来数十块青砖砌墙。我们看到了这类青砖，拍下了照片。另一位当地村民告诉我们，在村子附近，还有很多古墓。我们随他走进村庄，在一土坎上寻找，在一位70多岁老妇的指引下，我们终于在杂草丛中找到了一处墓口。这是一种穹隆顶结构的墓室，由于我们没有资质和常识，不敢贸然掘进，只能让村民将墓室回填。村民告诉我们，他们在耕作时多次挖到了这种墓，墓室并没有棺材，也没有陪葬品。在辰溪县，这种"瑶人坟"遍布整个县境内，发现的坟墓不下万余座，坟内无任何腐朽棺木及骨骸残留。② 在新化县维山乡水口村发现有同类型古墓，墓室面积为300厘米×118

---

① 《千家峒歌》，见湖南少数民族古籍办公室：《盘王大歌》（下集），长沙，岳麓书社，1988。
② 满延长：《初探湖南辰溪"东山七姓瑶"》，http://www.chenxi.ccoo.cn/。

图9 被回填的瑶人金矿遗址

图10 瑶人穹项式古墓

厘米,不足4平方米,有棺床。① 据常识,这种墓的底座并非棺床,而是葬榻,直接安放遗体。它不是汉人墓,它的年代一般在宋代。它是否是瑶人墓葬,有待考证。

从魏家山出来,炉观镇文化站站长卿小红领我们前往月弓村。月弓村是新化县委

---

① 李铁林、曾迪:《维山古墓清理报告》,见新化梅山文化研究会:《第四届梅山文化学术研讨会论文集》。

书记打造的新农村建设示范村。全村建起了两排小楼房，楼房间是一条宽阔的街道。这里的村民比较富裕。在这种城市化的环境下，传统文化很难保存，因此，村委会在努力打造新的"传统文化"：他们在村外的河道上建立起龙舟赛道，在今年端午节举办过龙舟赛；他们建立起一支舞龙队，村里的大嫂大姐为我们舞了一套40多分钟的龙舞。更重要的是，村民认为当地自古就有斗牛习俗，为恢复这一传统，他们正投入资金修建一个"斗牛场"，村里买回来多条健壮的公牛，准备进行文化旅游的产业开发。我们从月弓村返回新化县城，次日，又从县城开赴西河镇。

（三）斩看牛头祭旗纛

2016年和2017年，我们两次考察西河镇正中村。考察后，我们认为这一区域是值得我们今后进一步关注的地方。

西河镇在我们考察的这一狭长峒区的中部，是峒中最为宽阔的地方。全镇占地约154平方公里，其中耕地面积约23平方公里，是全县耕地面积最多的乡镇。

我们来到正中村，注意到更醒目的地名为王爷山。

王爷山是哪里？网络上说："'王爷山'并不是一座山的名字，而是包括了孟公镇和西河镇两个镇的全部区域，也包括天门乡的大部分村庄和琅瑭镇的南部许多村落……此范围内均称为'王爷山'。"①

这一区域的划定，似乎源于当地的武术文化传播范围，有本末倒置的感觉。历史果真如此吗？

"王爷山"中的王爷又是指谁？

有篇题为《王爷山》的网文介绍道：王爷"名为牛万才。牛万才因赫赫战功而被李闯王封为王爵，部下皆称他为王爷"。"李自成兵败后……李自成将部队分成数路，以常澧为中心，向东西南北扩充"，"以牛万才为总兵的部队便经宁乡、蓝田镇后到达新化县境内王爷山一带，并发现此地不但地势险要，而且十分适合屯兵。经和军参商量后，牛万才决定在此处安营扎寨，扩充自己的势力。这一扎营，便是四年之久，牛万才在此驻兵的四年里，由三千人的军队扩充发展至八万余众，号称"牛十万"，并在王爷山及四周之地，打富济贫，扫除地主和土著武装。连破天马、白岩、九峰、壶峰、大脑、古台等山寨。在短短的四年时间里，王爷山地域人丁兴旺，农业发展迅速，商贾繁荣，社会清平。王爷山人无不感恩牛万才，称牛万才为救命王爷，因此把他管辖

---

① 刘福平：《王爷山》，http://diyitui.com/content-1460603973.39302410.html。

之地称为王爷山"。①

文中关键的一句话："牛万才因赫赫战功而被李闯王封为王爵",并没有文献依据,是作者的杜撰。"王爷山人无不感恩牛万才,称牛万才为救命王爷",这也是作者的说法,王爷山人均不知道。

文章继续写道："1652年2月,牛万才驻兵的主营被土著武装联合宝庆府驻扎的清总兵张国柱一举杀毁。据地方志《东华录》记载:'1652年(清顺治九年)2月,万才率总兵以下官员80余人,兵卒5300余人投诚。'当时水车茅草坪土著罗民望一直对起义军不满,则寻得机会向宝庆府驻扎的清总兵张国柱密告,由水车茅草坪有一条险要的小路可直接通往牛万才驻兵的总营所在地雾溪冲,于是,夜里张国柱以罗民望为向导,利用茅草坪小路神不知鬼不觉地逼近牛万才大本营,一顿乱砍乱杀,杀得尸体满地,血流成河。牛万才官兵死亡无数,幸存兵士则趁黑夜丢下武器,脱去军装,隐没于王爷山老百姓家中,解甲归田。自此,雾溪冲便有了一个让人伤感的名字,叫'大杀起'后来不懂得这段历史的人们,将'大杀起',误称为'大石溪'。"

图11 王爷山所在地正中村

---

① 渔人码头二:《王爷山》,个人图书馆网,http://www.360doc.com/content/16/0414/20/32375669_550649959.shtml。

我们不知作者所引用的资料来自何处？但这些文字经不起推敲。这些资料唯一注明出处的文献是"地方志《东华录》记载：'1652年2月……'"首先《东华录》不是地方志，而是由清朝蒋良骐编撰的清初编年体断代史，起自清太祖发祥长白山，迄于雍正十三年，前后六朝，内容按年月日顺序排次，此书编纂成于乾隆年间，共三十二卷。文中所说应为清顺治八年（1651）闰二月的记载，但这段记载与王爷山无任何关联。

清顺治时期（1644—1661）离今天并不遥远，如果牛万才在新化驻兵4年，是当地重大历史事件，新化县志、家谱及其他文献应有所提及。然页，作为文化大县的新化，却寻不到关于这一"事件"的片语只言，更不会以此来将一片偌大的土地命名。

我们认为，一个地方的命名自有它的历史缘由。历史上，能够称为王爷的有三种人：（1）朝廷所赐之王。如果是，国史、县志、家谱中应有所记载，典籍上也会直呼其"某王"。（2）农民起义领袖或土匪山大王。如上所述，这在地方文献上会有所提及。（3）少数民族之王，如盘王、梅王、扶王等。

在梅山深处这一特殊地区，只有少数民族称王这一种可能。而这一区域的少数民族只有瑶族，并且在宋开梅山之前。因此，王爷山之"王爷"也有可能是指盘王或瑶王。盘王是瑶族人的共同祖先，而瑶王是一个氏族的祖先。在开梅山之前，地处峒中心位置的西河镇正中村很可能有一座盘王庙，也有可能是一位瑶王居住之地，还有一种可能是瑶人之山，因为在瑶族文献《评皇券牒》中，瑶人常称自己为"王瑶子孙"，"王瑶"在梅山方言中与"王爷"同音，因此"王瑶之山"也能称为"王爷山"。

《千家峒古本书》载：

去龙山高生贵子，白马山高出聪明。
早晨听见锣鼓响，晚来看见白马归槽。①

据瑶人传说，站在白马山顶上吹响号角，声音可以响彻上、中、下三个峒。处在峒中部的西河镇东面天马山，相对高度500余米，约15公里的石灰岩地貌，怪石嶙峋、溶洞交错，站在正中村朝南远处看，天马山正如一匹白马卧槽，天马后侧绵延的山脉又如一根牵马的缰绳，而天马对面的宝塔山上有一座建于清道光四年（1824）的石塔，犹如一根拴马的桩子，连接着缰绳与天马。

---

① 《过山榜》编辑组：《瑶族〈过山榜〉选编》，113页，长沙，湖南人民出版社，1984。

图12 天马山顶

2017年10月，我们登上了天马山山顶，环看四周，大峒尽收眼底。由于天马山地处大峒正中，如果"站在白马山顶上吹响号角"，声音完全"可以响彻上、中、下三个峒"。

天马山上建有天马寺、莲花峰寺。山上有一块约6000平方米的田垅，寨门前有约3.2万平方米的良田。山上的老人告诉我们，这里先称"千家凼（垅）"，后叫"莲花凼（垅）"，同时也有人称"千家峒"。

天马山是完全的石灰岩地貌，山体呈白色，实际上也是一座"白马山"。因水泥厂露天开采、肆意挖山，使这里尘土飞扬，山体受到破坏。十年前，这里有千余级石阶盘曲而上直达山门，山门两侧大石垒高墙，蜿

图13 洞口上的碉楼箭口

蜒至绝壁止。然而十年的采挖，唯余石门，石墙多处倒塌，原有的刻于咸丰己未年（1859）的"风月中人"四个大字的石门门楣已经断裂，杂草丛中的断石仅余"风月"二字。

正中村后的天马山山脉中有着很高文物价值的天然溶洞"躲兵洞"更是因开采而水源断缺，受到致命摧残。

天然溶洞"躲兵洞"又称"藏宝洞"，很少有人光顾。2016年我们来到这里时，村民并不知道有此洞。当我们回去之后，以通信的方式向村民谈及《千家峒古本书》的石灰岩洞时，事情有了很大的进展。

《千家峒古本书》载，在瑶人撤离千家峒时，提到了一个大庙，它是瑶人议事的地方，庙中有许多铜质菩萨，撤离时将六尊菩萨收藏在一个石灰岩洞中，并封闭了洞口：

大德王八年三月十九日……罗㻦（huán）庙齐心会大众。圣会庙仪会商量。立下合同。官逼粮税，七十二计走为上计。众人收了六尊铜菩萨：一尊盘古大帝、第二尊本部六王、三尊三王五帝、四尊四保河神、五尊五方莫园大将军、六尊六部尚书。众人收在石灰底把石盖，不许百姓名（各）回，五百年后子孙归岩口来，看见有个石童，高三丈三，大有八人抱不过。存子孙为古计（记）。①

我们把这条信息发给了西河镇文化站站长刘圣龙，他感到有些吃惊："这个您怎么知道的？小时候听说过，我这就去找。"第二天，他给我们回复道："我已到天马山看了一圈，当前山上树草丛生，还没查到什么，在周边访问老人。(1) 白马山名字还没找到知情人。(2) 天马山上、中、下有很多洞不知是哪些洞，寨前门口有个填满了石头，其他洞口被树草遮盖，暂时还没找到。(3) 听说有几批盗宝者在一个直洞中想进洞盗宝，用32副箩绳吊人下去，没见人上来。有个上来的人说，洞的中间有条石门搞不开，我正在找人寻找这个洞，我想亲自下去看看。(4) 我小时候记得确实有几处山地生了很多石柱，高的6～10米，短的1～2米，但基本被毁坏了。(5) 山上确有很多的奇嶙怪石。请问石灰岩，是不是那些烧石灰的石头？"随同刘站长一起观察的奉友海发来了照片，其中有古寨门遗址和旁边的山洞洞口。

2017年10月，我们再次来到白马山，村民带我们来到了新近找到的躲兵洞。洞前果然有一石柱，高8.26米，周长3.5米。石柱下有两个洞口，村民准备了好几支手电，领我们下洞探查。

进洞不远处有一座石门，两扇石门已不在，但门框上的门斗能显示出门的沉重。进门往下不远，就是大洞第二个入口，洞口上有碉楼箭口，守护洞门。

---

① 《过山榜》编辑组：《瑶族〈过山榜〉选编》，112页，长沙，湖南人民出版社，1984。

图 14　洞口上的碉楼箭口

进入第二道门之后，是一个开阔的大厅。大厅中钟乳石岩造型各一，但因山体破坏，水源断裂，钟乳石不再生长，毁坏严重。大厅周围上下有多处洞口，有的被人为封堵，其中有没有收藏铜菩萨的岩洞，有待日后的考古发掘。大厅的左侧石壁上有探险者留下的标记："洞深1000米，由此进。"我们按照指示方向行进数十米，不断有支洞、岔洞分路，村民告诉我们，这个洞总长肯定要超过千米。

我们在洞中捡到陶碗片，应有一定的年份。再往深处走，支洞更多，道路更险。我们没再前进。

出洞后，我们再次瞭望正中村。村民告诉我们，正中村有一大屋场，原是一大地主的房产，后改为学校，说不定以前是座大庙。《千家峒古本书》中的"罗埠（huán）庙"也可能是"罗王庙"的误记。"罗"在瑶族历史文化中也有未解之谜：如辰溪县罗子山、资兴市罗仙岭、洞口县罗翁山、绥宁罗公山、广西大罗山（又名大瑶山）、广东罗浮山，都是瑶人聚居区。

瑶人历史文献《千家峒》对千家峒地区还有这样的描述："具明千家的洞水田：马胫大田三百六十把，鹅胫大田三百六十把，南蛇大田三百六十把，平西大田三百六十把，小田无数，九姓瑶人一起分。斩看牛头祭五色旗纛，大庙祭了五场。"[①] 至今，这里仍有天马、鹅塘等大面积田地聚集在正中村（王爷山）周围，这绝不会是偶然。

我们离开正中村后，这里的村民在继续寻找。两天之后，他们又发来不少照片，

---

① 《过山榜》编辑组：《瑶族〈过山榜〉选编》，114页，长沙，湖南人民出版社，1984。

并告知在躲兵洞的南面1000米处，发现了古墓群。古墓均用青砖砌筑，都是无主古墓。其中有一墓，当地村民称之为"塔"，高出地面2米，直径约2.5米，据说墓上原有一周长约1.5米的大石盆，盆口朝天。此墓墓口早被挖开，有人从中捡到过小铁环，疑为古人装饰品，墓内壁用石灰粉刷，无壁画。我们把这些信息报告给湖南省文物局，此信息引起了有关方面的重视。

正中村王爷山很可能是当年千家峒瑶人的政治文化中心，瑶人撤离千家峒时，十二大姓可能在这里聚集，宰牛祭旗。

2016年考察时，我们在西河镇文化站站长刘圣龙的带领下，前往粗石村考察瑶人遗址。粗石村位于田址与山脉交界之处，山多田少，这里也有可能是两个大峒的交界之处。当地村民、粗石雾峡风景区的发现者萧长海带我们上了高山。据他说，这里的瑶人遗址不少，但都是茅草丛生，已无道路。他手持砍刀为我们开路，杂草乔木掩盖过人，有的地方硬是从悬崖边的茅草根上踩出一段段脚板宽的山路。爬到山腰，我们见到了两处瑶人屋场遗址，遗址上茅草高过头顶。我们在遗址后山坎上发现有一浅穴，内有人工堆砌的片石，我们扒开石堆，只见有浅浅的烧过的灰烬。当地村民告诉我们，1960年"大办农业，大办粮食"时，这些遗址都开成了梯田，当时村民挖土时挖出了许多陶片、石片。

（四）青山平田好种春

2016年的考察我们没有走完大峒全程，而只是沿大峒自南向北，从槎溪镇走到西河镇。2017年的考察我们反其道而行之，我们模拟宋军攻打梅山的路线，从长沙出发，经宁乡密印寺至安化梅城芙蓉山、新化白溪镇，至琅塘镇进入大峒，然后由孟公镇达到西河镇、洋溪镇。

宁乡密印寺和安化司徒岭，是有史料记载的、宋军经过的两个明确的点，我们推测军队从这里再往前开是进攻何处？据常识，大军进攻的不会是分散在今安化、新化深山中的零星村寨村落，而应该是瑶民人口密集的大峒，这个地方可能就是古歌中传唱、瑶胞寻找千年、我们今人关注的"千家大峒"。

如果说槎溪镇是上峒峒头，那么琅塘镇便是下峒峒尾。

走进琅塘镇，我们立即感受到这里河网密布、田地丰腴，正是古歌反复吟唱的"青山平田好种春"的景象。

据了解，资江河道（大阳江）迂回过琅塘18公里，全镇耕地面积约20平方公里，水面面积约36平方公里。琅塘自古物产以河鱼为主。这里地处新化、安化、溆浦三县交界之处，文化相对发达，市场比较繁荣。镇中白云村白云完小创建于清乾隆九年

图15 登上壶峰山山顶

(1773)。1884年,当地士绅王子寿在此建西团书院。书院1943年所建的木结构教学楼和无臭味厕所保存至今。

我们来到孟公镇,登上了地处该镇的百丈崖壶峰山。壶峰山海拔980米,因山形而得名。壶峰山上的壶峰寺始建于宋朝,改建于明朝,是一座历史悠久的千年古寺,寺内有卢公真人殿、佛祖殿、关公殿三座殿堂,香火旺盛。据传卢公真人是西汉时期主"大一统"的御史大夫董仲舒的化身,他创立的"天道论"为广大宗教人士所称赞,推崇者封他为卢公真人。

在壶峰寺后面为壶峰山峰顶"福禄顶",号称"梅山第一峰"。我们登上峰顶,感觉视野开阔,周围景象尽收眼底。虽说这里不会是梅山第一峰,但它绝对是守卫"千家大峒"的北口第一峰。

从琅瑭镇、孟公镇再往南行,便是我们曾经走过的西河镇。至此,联系前一次的考察地域,我们已走完了在卫星云图上看到的千家大峒的全程。

过去,我们常说"梅山三峒",有人称新化为上峒梅山,安化为下峒梅山,但中峒梅山在何处,却无人说明。

走过新化西部的这个大峒,我们终于豁然开朗。古谚云:"上峒梅山上山打猎、中峒梅山掮棚放鸭、下峒梅山打鱼摸虾",正是这一区域古代先民的生产生活方式。这三峒,峒峒相连,成为一个整体(即大峒),这样才有可能形成上、中、下三峒的概念,并且这一概念与河水的上游、中游和下游有关。因此,在这一地区,是以大洋江即资

图16 壶峰寺

水的上、中、下关系为界的：处在大洋江上游、山势险峻的槎溪、洋溪镇为上峒；处在中游、平田万亩的炉观镇、西河镇为中峒；处在下游湿地、宽阔的琅瑭镇、孟公镇属于下峒。这个大峒自古是梅山山民居住的集中地，只有在这一峒中，"上峒梅山上山打猎、中峒梅山掮棚放鸭、下峒梅山打鱼摸虾"才得到了合理的解释。在梅山，其他地方很难形成这样一个生产、生活有较大差别的整体区域，只有这一解释，才符合"梅山三峒"的古地理概念。

除了"梅山三峒"，还有另一地理概念"上梅"与"下梅"。我们认为，这一概念的形成源于"开梅山"时节。宋初，新化与安化曾各有一梅城，人们的视野扩大后，才把新化梅城唤作"上梅镇"以示区别。宋绍圣三年（1096）①，新化县衙从白溪镇迁至上梅镇；建炎四年（1130）安化县衙从启安坪（今东华启安坪）迁至梅城。从此，"上梅"成为新化县的代称，"下梅"自然成了安化的代称。

"梅山三峒"与"上梅、下梅"是两个地理概念，不能混同。

虽然我们的考察时间很短，走访的地方有限，更多的问题也需要时间来解答，但是越来越多的迹象证明，迁往西南方向的瑶人与古梅山有着千丝万缕的联系。仅凭以上的材料也足以证明，瑶人寻找了千百年的故乡"千家峒"，就在梅山中部、新化县西部的那一片狭长的深山大峒之中。

追寻历史踪影，离不开田野考察。为了这一课题，笔者走了很多地方。笔者曾在

---

① 清朝道光《新化县志》载：白溪"宋熙宁五年至绍圣三年，新化县府置于此"。

冬日的深夜，跟随村民们冒着狂风大雨，爬上湘南的山顶，观察篝火、倾听山歌；也曾组织小分队，深入苗疆腹地，对照古籍，寻找那洒满热血的乾嘉战争遗迹；当听到炎陵的深山老林中尚存瑶族武术，笔者曾来到四面环山的龙渣乡龙渣村看个究竟；当得知资兴的罗仙岭还有一座盘王古庙而奔赴当地，那里的乡亲们竟为笔者全村出动，上山演了一场传统的盘王祭祀……

田野考察既是一次次学术认识的升华，也是一次次传统文化的洗礼！

在故纸堆中寻找，在茫茫荒野求索，笔者开始意识到，自宋为始，元、明、清至民国，南方农民不断地起事，与瑶族同胞动荡的生活密切相关。笔者开始撰写《梅山蛮寻踪》[①]的书稿，在力图重新梳理瑶族史的同时，也在梳理湖南，特别是湘南、湘中的历史，它实际上涉及了湖南，特别是湘南、湘中的政治、经济和文化。在湖南文化的大系统中，湖南文明的碎片应该得到重新整合。

---

① 此书已于2018年12月由湘潭大学出版社出版。

# "非遗"保护调查

# 村落仗鼓舞传承人：现状、问题与对策

——湖南省张家界市桑植县白族村落仗鼓舞传承人的田野调查报告

张卫民　张　微　邹文佳*

传承人是非物质文化遗产活态载体的重要承载者与传递者，对少数民族村落传承人现状进行系统调查和科学评估，是少数民族非物质文化遗产有效保护与传承的重要内容。被列入第三批国家级非物质文化遗产名录的桑植仗鼓舞，是古朴大方、粗犷刚劲、舞武合一的白族传统舞蹈，具有高度的艺术审美价值、宝贵的历史文化价值和丰富的精神文化价值。费孝通指出："村庄是农民生活的基本功能单位。"桑植仗鼓舞传承人大多生活在白族村落，以村落仗鼓舞传承人的现实状况作为调研的切入点，通过对他们的现状进行调查，剖析其传承人传承的问题，从而折射出桑植仗鼓舞的发展现状，这对当下桑植仗鼓舞的理性认识与科学保护具有重要意义，对村落少数民族非物质文化遗产保护有重要价值。

## 一、村落仗鼓舞传承人考察调研的基本情况

桑植仗鼓舞是桑植文化艺术中一个炫丽的文化艺术瑰宝。为了了解这一文化艺术瑰宝传承人的境况，我们先后两次深入桑植仗鼓舞传承人主要所在地马合口白族乡梭子丘村、麦地坪白族乡麦地坪村、芙蓉桥白族乡银屋村三个白族村落和当地县、乡政

---

\* 张卫民，二级教授，博士生导师，中国教育学会教育学分会美育专业委员会副理事长兼秘书长，湖南师范大学民族学与人类学研究中心副主任，湖南省非物质文化遗产保护发展研究中心研究员，湖南省非物质文化遗产保护高级专家。在《湖南社会科学》《湖南师范大学教育科学学报》等CSSCI源刊发表《消失与拯救：首批中国传统村落秀山县民族村保护的思考》《苗族地区苗汉双语教学坚守的意义、困境与突破——以重庆市秀山县梅江镇民族小学为例》等30多篇论文。张薇，湖南师范大学2016级研究生。邹文佳，湖南师范大学2016级研究生。

府管理部门，采用田野调查法、文献研究法、个案研究法、系统方法等研究方法，从不同维度和层面综合调查研究村落仗鼓舞传承人问题。进入三个白族村后，笔者运用深度访谈调查、实物收集等方法对桑植县梭子丘村、麦地坪村和银屋村的国家级、省级、市级和县级仗鼓舞代表性传承人钟会龙、王安平、钟必武、谷春凡、刘银年进行了深入调查。现将几位传承人基本情况介绍如下。

钟会龙，男，白族，生于1932年，文化程度高小，家住麦地坪村。1936年师从民间艺人钟超锐、钟朝恩、钟良旭学习仗鼓舞，18岁时在桑植一代开始表演仗鼓舞，20岁开始带徒弟，2012年12月被认定为桑植仗鼓舞国家级代表性传承人。

王安平，男，白族，生于1962年，文化程度高中，党员，家住芙蓉桥白族乡银屋村。1971年师从陈才伦学跳仗鼓舞，2014年5月被认定为桑植仗鼓舞省级代表性传承人。

钟必武，男，白族，生于1956年，文化程度高中，家住麦地坪村。1965年跟随父亲钟阳生学习仗鼓舞，1969年师从钟会龙学习仗鼓舞，2012年9月被认定为桑植仗鼓舞市级代表性传承人。

谷春凡，女，白族，生于1944年，文化程度初中，家住梭子丘村。1949年跟随爷爷和父亲学跳仗鼓舞，2010年6月被认定为桑植仗鼓舞市级代表性传承人。

刘银年，女，白族，生于1962年，文化程度初中，2000年与丈夫钟以新结婚，户口迁入麦地坪村。2000年跟随钟必武学习仗鼓舞，2012年被认定为桑植仗鼓舞县级代表性传承人。

## 二、村落仗鼓舞传承人的传承境况

村落仗鼓舞传承人作为桑植仗鼓舞的传承主体，他们掌握并承载着比白族普通村民更丰富、更全面、更系统的仗鼓舞知识和技艺，是桑植仗鼓舞的重要传承者和传播者。在对村落仗鼓舞代表性传承人钟会龙、王安平、钟必武、谷春凡、刘银年深入调查后发现，桑植地区最具影响力、最有代表性的仗鼓舞传承人是以麦地坪村钟会龙与钟必武、银屋村王安平和梭子丘村谷春凡为代表的三大传承谱系的传承人。下面对三大传承谱系传承人的传承现状进行系统的记录与梳理。

## (一) 村落仗鼓舞传承人的传承谱系

### 1. 麦地坪村仗鼓舞传承人的传承谱系

麦地坪村是白族仗鼓舞的主要发祥地,也是仗鼓舞的主要传承地,其传承代际经久不息。麦地坪村仗鼓舞传承人保存得较为完整的当属钟氏传承谱系,详见表 1、图 1。

**表 1　麦地坪村仗鼓舞钟氏传承人的传承谱系表**

| 代别 | 姓名 | 性别 | 出生年月 | 文化程度 | 学艺时间 | 师承关系 | 住址 | 备注 |
| --- | --- | --- | --- | --- | --- | --- | --- | --- |
| 第 27 代 | 钟朝锐 | 男 | 不详 | 不详 | 不详 | 师传 | 麦地坪村七眼泉组 | 已故 |
| | 钟朝恩 | 男 | 不详 | 不详 | 不详 | 师传 | 麦地坪村王家湾组 | 已故 |
| | 钟良旭 | 男 | 不详 | 不详 | 不详 | 师传 | 麦地坪村宋子塔组 | 已故 |
| | 钟善民 | 男 | 1910.03 | 高小 | 不详 | 师传 | 麦地坪村七眼泉组 | 已故 |
| 第 28 代 | 钟会龙 | 男 | 1932.05 | 高小 | 1936 | 师传 | 麦地坪村杨家峪组 | 国家级 |
| | 钟阳生 | 男 | 1932.10 | 初中 | 1938 | 师传 | 麦地坪村七眼泉组 | 已故 |
| 第 29 代 | 钟必武 | 男 | 1956.12 | 高中 | 1965 | 师传 | 麦地坪村七眼泉组 | 市级 |
| | 钟新华 | 女 | 1968.01 | 初中 | 1975 | 师传 | 麦地坪村会洛组 | 市级 |
| | 钟耀群 | 男 | 1968.11 | 大专 | 1996 | 师传 | 麦地坪村宋子塔组 | |
| | 钟彩香 | 女 | 1963.01 | 初中 | 1984 | 师传 | 麦地坪村七眼泉组 | 市级 |
| 第 30 代 | 钟彩凤 | 女 | 1967.04 | 初中 | 1984 | 师传 | 麦地坪村会洛组 | |
| | 钟海英 | 女 | 1987.03 | 初中 | 2000 | 师传 | 麦地坪村富足塔组 | |
| | 钟丽荣 | 女 | 1981.04 | 初中 | 1990 | 师传 | 麦地坪村七眼泉组 | |
| | 钟岳琴 | 女 | 1983.11 | 中专 | 1997 | 家传 | 麦地坪村七眼泉组 | |
| 第 31 代 | 刘银年 | 女 | 1962.12 | 初中 | 2000 | 师传 | 麦地坪村七眼泉组 | 县级 |
| | 钟海霞 | 女 | 2004.07 | 小学 | 2011 | 师传 | 麦地坪村会洛组 | 县级 |
| | 谷 晨 | 女 | 2004.09 | 小学 | 2011 | 师传 | 麦地坪村会洛组 | |

据查,麦地坪村仗鼓舞第 27 代之前的传承谱系已经遗失,无法考究。传承谱系只从第 27 代开始记录,目前已经传承至第 31 代。其仗鼓舞套路极多,有"硬翻身、兔儿望月、狮子坐楼台"等"九九八十一套路"。麦地坪村从第 27 代到第 28 代仗鼓舞传承套路一共是 7 套,其他套路已经遗失。从第 29 代传承人钟必武开始演变为 14 套,这 14 套舞武合一动作一直传承至今,已经传承给第 31 代传承人。

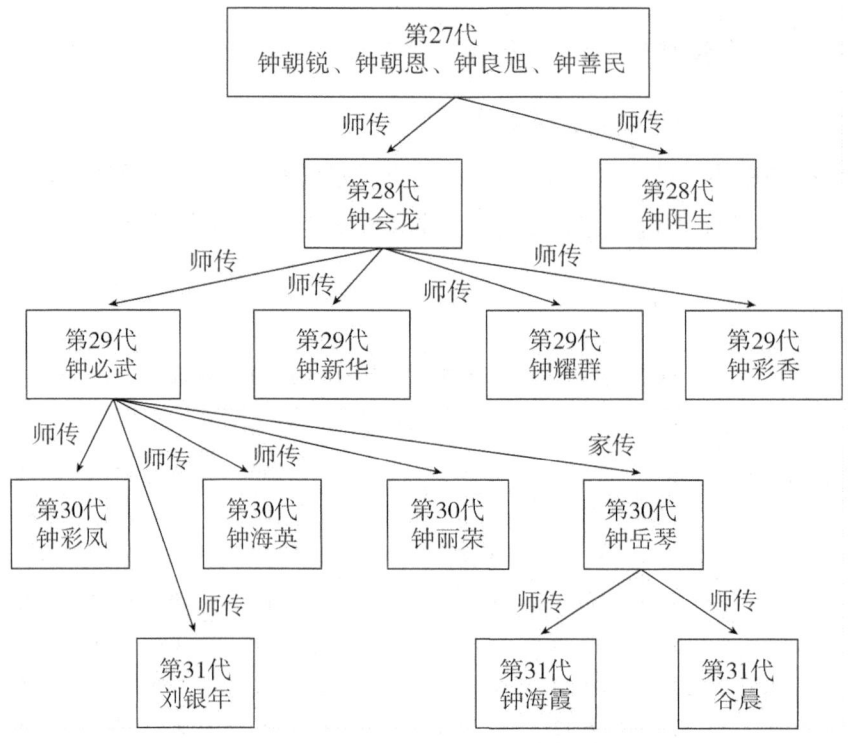

图 1　麦地坪村仗鼓舞钟氏传承人的传承谱系图

据第 28 代仗鼓舞国家级传承人钟会龙老人回忆，麦地坪村的仗鼓舞是最有代表性的舞蹈，在 20 世纪 80 年代前，仗鼓舞有"传男不传女""传内不传外"等规矩，一般只有男人跳仗鼓舞。其原因，一是因为传统文化的影响，认为女子应该在家修身养性，不应抛头露面；二是仗鼓舞动作幅度大，女性不适合跳。男人跳仗鼓舞时，不选地点、不避人群，跳时"只管作死里跳"，有唱有跳，有笑有噱，动作粗野，放荡不羁。随着时代的变迁，白族人的社会生活发生了变化，男劳动力外流，女性、老人和孩子留守在村寨。钟会龙常常想到仗鼓舞精深难学，恐其失传，于是到处授徒，只要有人愿意学仗鼓舞，他就愿意教，不管是男是女，久而久之，麦地坪村的仗鼓舞就有了女传承人，并且其传承谱系中女性传承人呈现强劲发展态势。另外，从表 1 可见，目前，麦地坪村仗鼓舞传承人中年龄最长者钟会龙 85 岁，最小的传承人钟海霞和谷晨 13 岁，麦地坪村仗鼓舞传承人队伍具有可持续发展性。

2. 芙蓉桥白族乡银屋村仗鼓舞传承人的传承谱系

芙蓉桥白族乡银屋村仗鼓舞传承人王安平保存的传承资料是较完整的，其传承谱系比较清晰，但仗鼓舞传承人在流失，具体详见表 2、表 3 和图 2、图 3。

表2 芙蓉桥白族乡银屋村仗鼓舞传承人王安平的传承谱系表（2013年）

| 代别 | 姓名 | 性别 | 出生年月 | 文化程度 | 传承方式 | 学艺时间 | 居住地址 | 备注 |
| --- | --- | --- | --- | --- | --- | --- | --- | --- |
| 第28代 | 陈才伦 | 男 | 1933.03 | 不详 | 师传 | 不详 | 芙蓉桥白族乡合群村 | 已故 |
| 第29代 | 王安平 | 男 | 1962.02 | 高中 | 师传 | 1971 | 芙蓉桥白族乡银屋村 | 省级 |
| 第30代 | 王北平 | 男 | 1962.03 | 初中 | 师传 | 1984 | 芙蓉桥白族乡芙蓉桥村 | |
| 第31代 | 钟菊英 | 女 | 1965.07 | 初中 | 师传 | 2001 | 芙蓉桥白族乡芙蓉桥村 | |
| 第32代 | 谷英君 | 女 | 1985.09 | 初中 | 师传 | 2007 | 芙蓉桥白族乡银屋村 | |
| 第33代 | 龚玉红 | 女 | 1987.06 | 高中 | 师传 | 2010 | 芙蓉桥白族乡供电站旁 | |

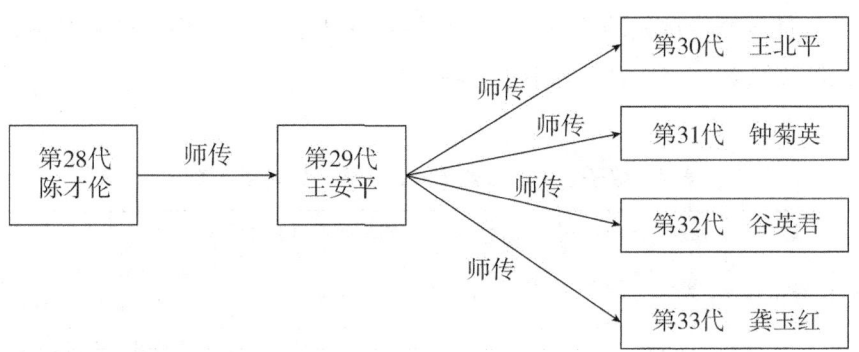

图2 芙蓉桥白族乡银屋村仗鼓舞传承人王安平的传承谱系图（2013年）

表3 芙蓉桥白族乡银屋村仗鼓舞传承人王安平的传承谱系表（2017年）

| 代别 | 姓名 | 性别 | 出生年月 | 文化程度 | 师承关系 | 学艺时间 | 家庭住址 | 备注 |
| --- | --- | --- | --- | --- | --- | --- | --- | --- |
| 第28代 | 陈才伦 | 男 | 不详 | 不详 | 师传 | 不详 | 芙蓉桥白族乡合群村 | 已故 |
| 第29代 | 王安平 | 男 | 1962.02 | 高中 | 师传 | 1971 | 芙蓉桥白族乡银屋村 | 省级 |
| 第30代 | 王北平 | 男 | 1962.03 | 初中 | 师传 | 1984 | 芙蓉桥白族乡芙蓉桥村 | |
| | 王彩红 | 女 | 1968.05 | 初中 | 师传 | 2003 | 芙蓉桥白族乡芙蓉桥村 | |

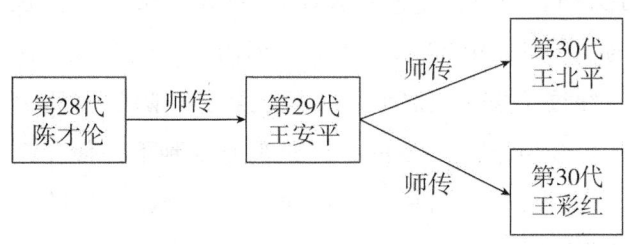

图3 芙蓉桥白族乡银屋村仗鼓舞传承人王安平的传承谱系图（2017年）

从表2、表3和图2、图3发现，随着时间的流逝，在王安平的仗鼓舞传承谱系中，学习仗鼓舞的人员倾向于女性,女弟子增多,男弟子减少。王安平说:"其原因主要是男性在家庭承担着'顶梁柱'的角色,维系整个家庭的日常开支,因此大多数男性不会留在村子里,而是选择外出打工,这就慢慢导致了没有男性弟子学习仗鼓舞"。另外,仗鼓舞弟子整体数量下滑,钟菊英、谷英君、龚玉红因自身原因放弃仗鼓舞传承人身份,其传承谱系中弟子流失,至今找不到仗鼓舞传承人。之所以出现这一现象,王安平介绍说:"一方面来自于弟子个人的耐性、悟性、文化意识、家庭等,另一方面来自于社会大环境,如领导的重视、政府的政策支持、资金保障等。"

3. 梭子丘村仗鼓舞传承人的传承谱系

梭子丘村仗鼓舞传承人的典型代表是市级传承人谷春凡,但其传承代际不容乐观,代际传承的图文资料已全部遗失,详见表4、图4。

**表4 梭子丘村仗鼓舞传承人谷春凡的传承谱系表**

| 代别 | 姓名 | 性别 | 出生年份 | 文化程度 | 学艺时间 | 师承关系 | 住址 | 备注 |
|---|---|---|---|---|---|---|---|---|
| 第21代 | 谷志堤 | 男 | 不详 | 不详 | 不详 | 家传 | 桑植县马合口乡白族梭子丘村新屋组 | 已故 |
| 第22代 | 谷忠有 | 男 | 1914.03 | 不详 | 不详 | 家传 | 桑植县马合口乡白族梭子丘村新屋组 | 已故 |
| 第23代 | 谷春凡 | 女 | 1944.01 | 初中 | 1949 | 家传 | 桑植县马合口乡白族梭子丘村新屋组 | 市级 |

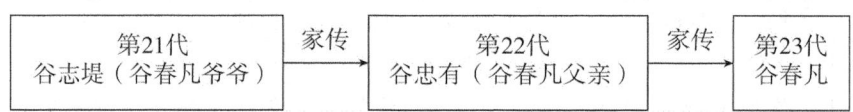

**图4 梭子丘村仗鼓舞传承人谷春凡的传承谱系图**

表4、图4梭子丘村仗鼓舞传承人谷春凡的传承谱系由笔者整理。从谷春凡的口述得知,她是梭子丘村仗鼓舞的第23代传承人,但由于年代久远,代际保护制度不健全和保护措施不完善,导致无法追溯之前的传承代际。跟随谷春凡学习过仗鼓舞的男女老少达三千余人,但至今为止,73岁的谷春凡没有找到下一代仗鼓舞的传承人。其主要原因是"年轻人对民族文化的疏离,保护和传承仗鼓舞意识的缺乏,还有就是传承人自己的选拔意识不强"等。

(二)村落仗鼓舞传承人传承的方式路径

行之有效、稳定性高的仗鼓舞传承方式和路径,是桑植仗鼓舞延续和发展的重要因素。在麦地坪村、芙蓉桥白族乡银屋村和梭子丘村，村落仗鼓舞传承人传承的方式路径主要有家族传承、师徒传承、村落传承和学校传承四种生态传承方式路径。其中，师徒传承（拜师学艺）是桑植仗鼓舞传承延续至今较为普遍的方式路径。另外，非结构式的村落传承是一直以来较为流行的传承方式路径。

1. 家族传承

在桑植县，家族传承对仗鼓舞的传承与保护起到了很重要的作用。家族传承不仅守住了家族仗鼓舞的技能技艺，而且家族成员为传承仗鼓舞技艺培养了宝贵人才，使得仗鼓舞的"传承链"历经百年也不中断。在采访梭子丘村仗鼓舞传承人谷春凡时我们了解到，她从5岁便开始跟随父亲和爷爷学跳仗鼓舞。在谷春凡的影响下，她的子女也都会跳仗鼓舞，只是后来由于工作的原因，她的子女离开家乡，其家族"传承链"断裂。

另据了解，麦地坪村的村民大多是祖先钟仟一的后代，当时，钟姓一族不断在麦地坪村繁衍、增多，逐渐变成本村的大姓，在20世纪四五十年代之前，当地的仗鼓舞大部分是钟氏家族传承的形式。随着社会的发展，仗鼓舞的家族传承弱化。

2. 师徒传承

桑植仗鼓舞的传承方式除了家族传承外，还有一种重要的传承方式就是以授徒学艺和拜师求艺为重要形式的"师徒相授"传承，即师徒传承。这种传承方式对仗鼓舞的流传和保护起到了极其重要的作用。从表1、图1麦地坪村仗鼓舞钟氏传承人的传承谱系和表2、图2芙蓉桥白族乡银屋村仗鼓舞传承人王安平的传承谱系可见，师徒传承是桑植仗鼓舞技艺传承的常见方式和基本路径。据王安平介绍，他的师父以前是走南闯北的民间艺人，在游历民间的同时把自己的仗鼓舞技艺以师父带徒弟的方式传授给他。据传承人钟必武介绍，原来他是跟随父亲学的游神，后拜师钟会龙学仗鼓舞。师父一般严格选择徒弟，拜师程序较严格，师父大多采取口传身授的方法把仗鼓舞技艺传授给徒弟。另外，师父除了对徒弟传授仗鼓舞技艺外，有时也对徒弟的人生观、价值观等进行塑造。

3. 村落传承

中华文明生于村落长于村落，村落是人们心灵深处的重要精神寄托。仗鼓，仗鼓，民家佬的祖先歌舞，这种祖先歌舞生于村落，传承的方式路径依托村落。桑植仗鼓舞的村落传承是一种非结构式的，它没有严密的组织结构，没有严格的传承规范，对村民也没有具体的行为要求，村落传承作为桑植三个白族乡仗鼓舞较为流行的传承方式路径，主要包括三个方面。一是村落节日庆典活动传承。"三月三"（农历三月初三）、"上九会"（农历正月初九）等节日，传承人会召集村民分别在麦地坪村、梭子丘村和芙蓉桥白族乡文化中心广场一起跳仗鼓舞庆祝。二是村落比赛传承。据了解，桑植县每年都会在固定的时间举办仗鼓舞大赛，每村每年都会选拔仗鼓舞代表参赛，在各村镇文化广场选拔、训练仗鼓舞代表的过程就是传承的过程。三是跳广场舞式传承。近年来，广场舞盛行，麦地坪村的文化活动广场上就会响起广场舞的音乐。广场舞领头人钟必武、钟彩香、钟新华以及刘银年等把当地的仗鼓舞融入广场舞中。

4. 学校传承

学校教育对桑植仗鼓舞的传承有着普及和推动作用。要保护和传承仗鼓舞，培育仗鼓舞接班人，就要从娃娃抓起。梭子丘村早在1987年就开始将仗鼓舞教学带入校园，最开始就是由谷春凡担任老师，先后在马合口白族乡中学和小学进行仗鼓舞教学。教学活动由最开始的一月一节课到一周一节课，后来变成学校的课间操。2013年起，麦地坪中心小学聘请仗鼓舞市级传承人钟必武和钟彩香担任学校的文化辅导员，在学校进行免费仗鼓舞教学。芙蓉桥白族乡仗鼓舞传承人王安平从2004年以来，将仗鼓舞进行改编组合，配上相应的音乐，在芙蓉桥白族乡的中、小学以课间操的形式传授仗鼓舞的基本套路。

（三）村落仗鼓舞传承人传承的环境

村落仗鼓舞传承人的当代生境直接影响了桑植仗鼓舞保护传承和文化典籍整理工作。

1. 村落仗鼓舞传承人所处的自然环境

自然环境是桑植仗鼓舞生存的土壤，也是产生桑植特色民俗文化的基础。正所谓"一方水土养一方人"。桑植白族聚居地森林密布，以丘陵为主，5145个大小山头，18条主要山脉，因受地域环境影响，仗鼓舞传承人的仗鼓舞基本动作带有明显的山区地域特点，详见表5。

"有什么样的地方就有什么样的人文活动。"麦地坪村的"自然三奇"孕育了仗鼓舞浑厚的文化内涵和祭拜白族祖先的祭神性特点；地处桑植县东北部的梭子丘村，林业资源丰富，境内山清水秀，人杰地灵，仗鼓舞歌舞融合，充分展示悦己性的特点；芙蓉桥白族乡素有"中国大鲵之乡"的美称，村内砂岩地貌，沟壑纵横，山峦环绕，芙蓉桥白族乡银屋村的仗鼓舞具有观赏和娱乐观众的目的，体现了娱人性特点。

**表 5　仗鼓舞传承人所在村的自然环境及其鼓舞特点**

| 所在村 | 自然环境 | 仗鼓舞的技艺特点 |
|---|---|---|
| 麦地坪村 | 麦地坪村位于马合口白族乡南部，距离乡中心约12公里，距离桑植县城39公里，属于少数民族特色村寨（贫困村）。麦地坪村素有"自然三奇"之说，分别是山奇、洞奇与水奇。山奇，表现在村里有以动物命名的象形自然景观，例如"狮子守海口""铁栏关象"等，名字由来与相传已久的民间传说相融合。洞奇，由于麦地坪村属喀斯特地貌，因此有白马洞、神农洞。水奇，表现在村庄里山泉多，小泉九十九，大泉三十六，素有"山泉之国"之称。 | 祭神性<br>麦地坪村为白族钟氏的发源地，其仗鼓舞主要是为了祭拜白族的祖先，表达感恩之情，因此舞蹈具有原始、粗犷、讲究程式的特点。<br>其一，由于桑植白族的祖先都是武将出身，擅长打仗，因此，舞蹈主要是以"佝背、屈膝、倒丁字步、马步"为基本动作，展示了祖先们打仗时的勇猛威武。<br>其二，舞蹈动作原汁原味，讲究固定的套路。每套舞蹈动作都须在一个八拍内完成。<br>其三，舞蹈保留着固定的队形以及配乐。所有舞者面朝圆心。配乐乐器主要有锣、鼓、唢呐三种，演奏固定的音乐节奏。 |
| 梭子丘村 | 梭子丘村地处桑植县东北部，为典型喀斯特岩溶地貌，多山峦、溶洞，地势复杂，属中亚内陆季风气候，日照充足，降水丰沛。梭子丘村林业资源保护较好，植被以松、杉等常绿针叶林及其他常绿和落叶阔叶林乔木为主，盛产板栗、柑橘、梨等果品，还有黄柏、杜仲等"三木"药材，林内松脂油、菌类等资源产品也非常丰富。村落山清水秀，人杰地灵，资源丰富。另外还有桑植县唯一的中二型水库双泉水库位于辖区内，植被保护良好，蓄积成片达30多处。 | 悦己性<br>梭子丘村的仗鼓舞主要是为了达到让自己开心和强身健体的目的。仗鼓舞具有歌舞融合的特点。<br>其一，舞蹈配有不同的音乐，人们通过歌舞反映白族儿女的生活篇章，营造欢乐的氛围。<br>其二，舞蹈的队形千变万化。众人演跳，没有固定的队形。<br>其三，仗鼓舞中最典型的"丁字步"已模糊化，悠晃下沉、左右摆转仍保留较好。固定的程式也不再讲究，但仍然是在一个八拍里完成一套动作。 |
| 银屋村 | 银屋村坐落于桑植县芙蓉桥白族乡的东南部，可以说是芙蓉桥白族乡的东大门，该村2016年由原瓦屋坪村与银屋村合并而成，距离芙蓉桥白族乡政府2公里，距离桑植县城25公里。从村内前往县城，每日可搭乘固定班车，一般乘车时间为40分钟左右。村落山清水秀，空气清新，民风淳朴。由于水质优良，芙蓉桥白族乡素有"中国大鲵之乡"的美称。村内地貌属于砂岩地貌的一种独特类型，辖区内多高大石柱林，沟壑纵横，山峦环绕。气候属亚热带温润季风气候。 | 娱人性<br>银屋村的仗鼓舞主要用于舞台表演，可观赏性强，具备娱乐观众的目的。因此，其仗鼓舞具有套路多样、复杂多变的特点。<br>其一，舞蹈具有独特的"弹颤律动步伐"，整个舞蹈的感觉像是踩在弹簧上一样。<br>其二，舞蹈动作继承了传统仗鼓舞的屈膝顺拐、悠晃下沉、同边顺摆的律动特征，舞蹈动作以二摆二转为一完整的套路。<br>其三，舞蹈为迎合表演，不再讲究套路中动作反复的次数，而是讲究舞蹈动作内的排列组合，形成多样性的特点。<br>其四，舞蹈队形主要以"方形""八字形""大斜线"为主，同时若队形四周均有观众，则会依次朝向四面演跳。 |

2. 村落仗鼓舞传承人所处的经济环境

经济发展是仗鼓舞传承人所在传统村落的物质基础和首要任务。经济基础决定上层建筑，没有经济基础，仗鼓舞传承人传承活动将面临困境。村落仗鼓舞传承人所在的村落经济发展状况如下：

麦地坪村有13个村民小组，共632户1962人，贫困人口131户462人，贫困发生率24%；农业种植以水稻、玉米为主，养殖业以生猪、羊为主。2016年，麦地坪村集体年收入5万元，人均GDP为4785元，农民人均收入为3356元，是2017年需要"精准扶贫"的贫困村。

梭子丘村有32个村民小组，共1087户2945人，全村贫困人口162户561人，贫困人口占总人口数19%；农业种植以水稻、玉米为主，养殖业以生猪、羊为主。2016年，梭子丘村年收入为4.5万元，人均GDP为4785元，农民人均纯收入为3356元，是2017年需要"精准扶贫"的贫困村。

银屋村有13个村民小组，共632户1962人，原贫困人口为334人，预计芙蓉桥白族乡2017年年度脱贫工作结束后，本村贫困人数减至173人；农业种植以水稻、玉米为主，养殖业以生猪、羊为主，村里正在发展围绕乡村民俗休闲旅游的增值产业。2016年，人均GDP为4300元，农民人均收入为3016元。

综上，仗鼓舞国家级传承人钟会龙，市级传承人钟必武、谷春凡和县级传承人刘银年都生活在贫困村，村委会经济来源不多，从经济上给予仗鼓舞传承人生活保障和传承活动的资助少。另外，村落仗鼓舞代表性传承人的经济状况也不容乐观，详见表6。

**表6　桑植县仗鼓舞代表性传承人的经济状况表**

| 村名 | 姓名 | 传承人级别 | 家庭人口 | 经济来源 | 年收入/元 |
| --- | --- | --- | --- | --- | --- |
| 麦地坪村 | 钟会龙 | 国家级 | 共8人，目前单独居住，妻子离世，育有子女6人，4人在外务工，2人在家务农。 | 国家级传承人政府补贴2万元/年、子女赡养费。 | 约3万 |
| | 钟必武 | 市级 | 共4人，目前一人居住，妻子在县城带孙子，育有子女2人，均在外工作。 | 市级传承人政府补贴1000元/年、务农收入、子女赡养费。 | 约3万 |
| | 刘银年 | 县级 | 共6人，目前与丈夫同住，育有子女4人，均在外务工。 | 县级传承人政府补贴500元/年、乡妇女联合会主席工资1040元/月、子女赡养费。 | 约2.5万 |
| 梭子丘村 | 谷春凡 | 市级 | 共6人，目前与丈夫同住（丈夫瘫痪），育有子女4人，均在外工作。 | 市级传承人政府补贴1000元/年、子女赡养费。 | 约2000 |
| 银屋村 | 王安平 | 省级 | 共4人，目前单独居住，妻子在镇上带孙子，育有子女2人，均在外工作。 | 省级传承人政府补贴5000元/年、务农收入、子女赡养费。 | 约3万 |

表6表明，仗鼓舞代表性传承人的经济来源单一，主要依靠传承人政府补贴和子女赡养费生活。传承人钟会龙、钟必武和王安平年收入3万元左右，刘银年年收入约

2.5万元，他（她）们的年收入均低于所在村村民的人均收入。73岁的谷春凡年收入2000元左右，还要照顾瘫痪在床的丈夫，处于经济来源困难、家庭生计困顿、年老无力的艰难状况。经济的极度贫乏，生活的极度困难，必定会影响仗鼓舞的传承。

3. 村落仗鼓舞传承人所处的制度环境

调研表明，目前，从制度环境看，在仗鼓舞传承人所在的白族村落，建立在亲缘基础之上的传统组织权威趋于消失，当代民主政治已深入白族人民的生活中，历史遗留下来的传统组织及管理制度，大多退出历史舞台，村委干部在领导、管理白族村落社会事务中发挥着决定性的作用。村委会对仗鼓舞传承人的组织管理行为详见表7。

表7 仗鼓舞传承人所在村对传承人的组织管理行为情况表

| 村名 | 推荐申报传承人资料 | 代表性传承人立项档案资料 | 代表性传承人保护方案、计划、文件 | 传承人传承活动的图像、文字资料 | 组织举办传承人参加的各项活动 |
|---|---|---|---|---|---|
| 麦地坪村 | 无 | 无 | 《保护非物质文化遗产公约》<br>《中华人民共和国非物质文化遗产保护法》<br>《桑植县非物质文化遗产项目代表性传承人管理与认定办法（试行）》<br>《桑植非物质文化遗产保护工作规划》 | 白族仗鼓舞比赛留影两张<br>（原）麦地坪白族乡30周年庆典纪念活动照片1张<br>芙蓉桥白族乡、合群村学仗鼓舞合影1张<br>"欢乐元宵"活动照片1张<br>钟必武仗鼓舞教学照片多张<br>《张家界市非物质文化遗产项目代表性传承人》书1本<br>湘西地区非物质文化遗产生产性保护项目入库申报表1份<br>桑植县麦地坪（钟必武）白族仗鼓舞培训项目简介1份<br>桑植县非物质文化遗产保护工作情况汇报书1份 | 1. 节日活动：农历十月十五日游神、赶庙会。<br>2. 文娱活动："欢乐元宵"、桑植民歌节、白族仗鼓舞比赛、麦地坪村广场落成庆典。<br>3. 教育教学活动：例如"仗鼓舞进麦地坪村小学"活动。 |
| 梭子丘村 | 无 | 无 | 《保护非物质文化遗产公约》<br>《中华人民共和国非物质文化遗产保护法》<br>《桑植县非物质文化遗产项目代表性传承人管理与认定办法（试行）》<br>《桑植非物质文化遗产保护工作规划》 | 欢度重阳节照片1张<br>桑植县仗鼓舞比赛照片1张<br>谷春凡仗鼓舞教学照片多张<br>《张家界市非物质文化遗产项目代表性传承人》书1本 | 1. 节日民俗活动："三月三"、赶庙会。<br>2. 文娱活动：桑植县马合口白族乡梭子丘村白族风情老街开街庆典、《马合口故事》大型文艺演出、桑植民歌节。<br>3. 教育教学活动：例如"仗鼓舞进校园"活动。 |

续表

| 村名 | 推荐申报传承人资料 | 代表性传承人立项档案资料 | 代表性传承人保护方案、计划、文件 | 传承人传承活动的图像、文字资料 | 组织举办传承人参加的各项活动 |
|---|---|---|---|---|---|
| 银屋村 | 无 | 无 | 《中华人民共和国非物质文化遗产法》《湖南省非物质文化遗产项目代表性传承人认定与管理办法》《桑植县非物质文化遗产项目代表性传承人管理与认定办法（试行）》《桑植非物质文化遗产保护工作规划》 | 照片若干张（王安平个人保存，王安平参赛或活动现场视频资料不详（文化站保存，个人无相关资料）第一批市级非物质文化遗产项目代表性传承人推荐表1份 张家界市人民政府关于公布张家界市第一批非物质文化遗产项目代表性传承人名单的通知1份 湖南省第三批省级非物质文化遗产项目——桑植仗鼓舞代表性传承人王安平推荐材料2份 湖南省文化厅关于公布第三批省级非物质文化遗产项目代表性传承人的通知1份 | 1. 节日活动：主要是"三月三"及上九会（农历正月初九）。2. 文娱活动：湖南省"欢乐潇湘"文艺活动、桑植县仗鼓舞比赛、"三月街"文化艺术节等。3. 教育教学活动：例如"仗鼓舞进校园"活动，芙蓉桥白族乡中小学将仗鼓舞融入课间操。 |

表7表明，三个白族村均有《桑植县非物质文化遗产项目代表性传承人管理与认定办法（试行）》和《桑植非物质文化遗产保护工作规划》，但麦地坪和梭子丘村均无推荐申报仗鼓舞传承人资料、代表性传承人立项档案资料和村寨对代表性传承人的保护方案、计划、文件。三个村对仗鼓舞传承人组织学习和培训缺失。

4. 村落仗鼓舞传承人所处的文化环境

桑植风光旖旎，文化荟萃。白族村人民和睦聚居，民族文化、民族风情异彩纷呈，民族文化底蕴丰厚。仗鼓舞传承人所在村落文化环境情况详见表8。

表8　仗鼓舞代表性传承人所在村寨的民俗事象与"非遗"项目活动情况表

| 村名 | 现有的民俗事象 | 现有的代表性"非遗"项目 | 常进行的文化活动 | 活动地址 |
|---|---|---|---|---|
| 麦地坪村 | 生活民俗：三道茶<br>信仰民俗：白族游神、赶庙会<br>服饰民俗：白族服饰<br>居住民俗：白族建筑<br>饮食民俗：杀年猪、打糍粑、土家腊肉、三下锅<br>岁时民俗：冬至祭祖、白族男女赶会、植春节<br>民间工艺：白绣、竹编、白族墙绘<br>民间文艺：桑植仗鼓舞、桑植傩戏、舞龙灯、桑植花灯戏、桑植薅草锣鼓 | 桑植仗鼓舞<br>白族游神<br>桑植花灯戏<br>桑植薅草锣鼓 | 仗鼓舞比赛<br>白族游神<br>广场舞 | 麦地坪村村部<br>麦地坪村街道<br>麦地坪村文化活动广场 |

续表

| 村名 | 现有的民俗事象 | 现有的代表性"非遗"项目 | 常进行的文化活动 | 活动地址 |
| --- | --- | --- | --- | --- |
| 梭子丘村 | 生活民俗：三道茶<br>信仰民俗：白族游神、赶庙会、"上九会"<br>服饰民俗：白族服饰<br>居住民俗：白族建筑<br>饮食民俗：杀年猪、打糍粑、土家腊肉、三下锅<br>岁时民俗："三月三"、冬至祭祖、植春节<br>民间工艺：白绣、竹编、白族墙绘<br>民间文艺：桑植仗鼓舞、桑植民歌、桑植傩戏、舞龙灯、桑植九子鞭、围鼓 | 桑植仗鼓舞<br>桑植民歌<br>桑植傩戏<br>桑植九子鞭<br>围鼓 | "三月三"<br>上九会<br>桑植民歌大赛<br>仗鼓舞比赛<br>广场舞 | 马合口文化风情老街<br>梭子丘村文化活动广场<br>梭子丘村街道 |
| 银屋村 | 生活民俗：三道茶<br>信仰民俗：白族游神、赶庙会、"上九会"<br>服饰民俗：白族服饰<br>居住民俗：白族建筑<br>饮食民俗：杀年猪、打糍粑、土家腊肉、三下锅<br>岁时民俗：三月三、冬至祭祖、白族春节<br>民间工艺：白绣、竹编、白族墙绘<br>民间文艺：桑植仗鼓舞、桑植傩戏、舞龙灯 | 桑植仗鼓舞<br>白族游神<br>桑植九子鞭<br>桑植白家话<br>桑植打花棍<br>桑植傩愿戏 | "三月三"<br>上九会<br>仗鼓舞比赛<br>傩愿<br>广场舞 | 银屋村街道<br>芙蓉桥白族乡文化活动广场 |

文化铸造灵魂，环境陶冶情操。桑植白族村落丰富的民俗事象，精美的代表性"非遗"项目，各具特色的白族文化活动，滋养和影响着白族村落仗鼓舞传承人。多数白族传统仗鼓舞讲究"舞武合一"，市级仗鼓舞传承人谷春凡深受桑植村落歌舞艺术的影响，大胆突破传统仗鼓舞单一的伴奏形式，把桑植民歌融进仗鼓舞中，其载歌载舞、悠然柔美的表演形式，增强了仗鼓舞的表现力，吸引了广大受众。

## 三、村落仗鼓舞传承人面临的问题

桑植县白族村落仗鼓舞传承人传承谱系全面形成，传承方式多样常态，传承环境良好，形势比较喜人，但按科学发展观的要求，要实现村落仗鼓舞传承人传承的可持续发展，对国家级非物质文化遗产项目桑植仗鼓舞进行更好的保护，却存在不少问题。

### （一）领导重视不够

观念决定思想，思想指挥行为。部分乡镇干部的旧观念制约和影响着村落仗鼓舞传承人传承，主要表现是乡村领导干部认为"文化是意识形态的东西，没有经济基础这一物质保障，难有精神意识这一上层建筑"。于是，他们不重视当地文化建设，而是集中精力搞经济建设。他们殊不知文化和经济相互促进，两手都要抓。据芙蓉桥银屋村仗鼓舞传承人王安平描述，2011—2015 年，芙蓉桥白族乡的仗鼓舞得到了很好的发展，实现了质的飞越，不仅仅是个人自身的提升，更重要的是对整个乡村仗鼓舞的支持力度和关注度非常大。而从 2016 年至今，换了"一把手"后，政府便一门心思抓经济，很少组织仗鼓舞活动，村寨仗鼓舞传承呈下滑趋势，三名仗鼓舞传承人传承谱系流失。现如今，在仗鼓舞芙蓉桥保护区的广场内无人跳仗鼓舞，被流行且简单易学的广场舞替代。用王安平的话说："传承我会跳的桑植仗鼓舞呀，我得指望我的孙儿甚至重孙啰！"

（二）制度建设不全

制度是人们行动的准则和依据，它对桑植仗鼓舞传承人的传承有着十分重要的作用。据查，张家界市和桑植县均有非物质文化遗产和传承人保护的相关文件、规划等，但白族乡镇、村级政府部门对仗鼓舞和传承人，一是没有制定长远规划和保护传承的具体条例，二是没有仗鼓舞传承人的档案保护制度，三是没有乡村级仗鼓舞传承人遴选制度和认定标准，四是没有对乡村级仗鼓舞传承人的权利和义务规定等。

（三）政策支持不多

桑植仗鼓舞传承人的传承和保护需要有相应的政策扶持和引导。调查发现，一是梭子丘村仗鼓舞传承人谷春凡的生活极度困难，"传承链"断裂，政府部门有效阻止仗鼓舞传承人后继乏人的政策缺失；二是在经济快速发展的阶段，芙蓉桥白族乡出现"重经济轻文化"现象，仗鼓舞传承人流失，县乡政府防范应对政策缺位；三是麦地坪村仗鼓舞钟氏传承人的传承谱系清晰，可持续发展性，各级政府对此无奖励激励政策。另外还存在许多政策空白点，如仗鼓舞传承人的地位保障政策、资金保障政策、支持传承活动开展的投资保障政策等。

（四）经济资助不足

桑植仗鼓舞传承人传承活动的开展离不开政策支持，更离不开资金保障。麦地坪村地处偏僻，2017 年被确定为贫困村，是"精准扶贫"的对象。当地政府财政收入不高，给予仗鼓舞传承人的传承活动经费少。2011 年来，钟会龙、钟必武、刘银年的仗鼓舞服装一直是原来的那一套，只在重大节日、外出比赛、文艺汇演时才拿出来穿，平时都收放在家里。仗鼓舞的仗鼓也是缝缝补补，由原来的木质仗鼓变成了简易的塑料仗鼓。广场传承活动时所用的音响、U 盘等设备是村民自发购买的。由于资金短缺，仗鼓舞舞台专业指导、音乐制作等，是钟必武"哄"着他人帮忙的。另据调查，桑植仗鼓舞传承人的收入相对较低，甚至抵不上传承投入。被确定为国家级代表性传承人每年可获 2 万元的政府补贴，被确定为省、市、县级代表性传承人每年可获 5000 元、1000 元和 500 元的政府补贴，其他未被确定为代表性传承人的没有政府补贴，如果桑植仗鼓舞没有其他市场性收入，他们几乎没有传承收入，而他们的传承投入却在加大……

（五）组织管理不畅

有人群的活动就有管理，有管理，组织才能进行正常有效的活动，管理是保证组织有效运行不可或缺的条件。村落仗鼓舞传承人保护传承的组织管理存在以下问题。

1. 关于仗鼓舞传承人遴选管理的问题

非物质文化遗产传承人的遴选，先是传承人自己申报。申报人不会写的，请推荐人代为申报，然后由各级政府部门认定传承人。谷春凡在 2010 年 6 月被认定为张家界市第一批市级非物质文化遗产项目白族仗鼓舞代表性传承人。当时由于传承人申请程序复杂，申请材料无法自行完成，她是请人代办完成申报的。据悉，谷春凡是民歌世家，非常擅长桑植民歌，本来申报的是民歌代表性传承人，因民歌传承人没选上，才把市级仗鼓舞传承人授予她的。

2. 关于仗鼓舞传承人建档保护的问题

表 7 表明，三个白族村均无推荐申报仗鼓舞传承人资料，无国家、省、市和县级代表性传承人立项档案资料。采访中，仗鼓舞传承人和村委会都明确表示要到县"非遗"中心去查，"非遗"中心的负责人表示，国家级传承人文字资料有，但省、市、县级传承人文字资料很少或者没有。访谈芙蓉桥白族乡文化站孙站长了解到，现在"非遗"资料的收集均由他一个人负责，去年他的一个 500G 硬盘出现了病毒，丢失了许多资料，无法挽回，深感痛惜。

3. 关于仗鼓舞传承人传承的培训问题

麦地坪村和银屋村仗鼓舞传承人对桑植仗鼓舞舞蹈动作需不需要创新存在很大的困惑。麦地坪村仗鼓舞传承人认为："绝技不绝迹，传承贵传统，仗鼓舞的舞蹈动作必须原汁原味，一是桑植仗鼓舞的传统套路动作代表着白族人民勤劳勇敢的品质；二是桑植仗鼓舞与游神相结合，其目的就是为了缅怀先祖，感念祖德，学会感恩；三是原汁原味的舞蹈最能体现舞蹈的精髓，而不至于在文化传递之中失真。"但日益信息化、现代化的生活给他们这份坚守带来了巨大挑战，村民和学校学生觉得他们的仗鼓舞动作太难，没有创新，有的不愿意跟着学。芙蓉桥白族乡银屋村仗鼓舞传承人认为："不能做老古董，仗鼓舞传承需要创新。要变旧曲作新声，要以仗鼓舞的基本舞蹈动作与基本节奏为基础,舞蹈组合力求简化,为呈现更好的舞台效果创新。"孰是孰非?两村都觉得自己是对的,想要改变又无专业引领指导。

## 四、解决村落少数民族非物质文化遗产传承人问题的对策

少数民族村落非物质文化遗产的保护与传承迫在眉睫,刻不容缓,而少数民族村落非物质文化遗产保护的关键与核心在于保护传承人。传承人是少数民族村落非物质文化遗产的重要承载者和活态传递者。调查研究表明,桑植县白族村落仗鼓舞传承人面临着领导重视不够、制度建设不全、政策支持不多、经济资助不足和组织管理不畅等问题,亟待解决。

(一)进一步提高乡镇领导的思想认识

乡镇领导对村落仗鼓舞的高度重视将促进传承人传承事业的发展,是传承人生存发展的有力保障。意识先于行动,乡镇领导的文化保护意识是将村落仗鼓舞和传承人保护工作付诸实际行动的前提,因此,加强乡镇领导的思想建设,提高其思想认识是首要任务。要让他们知道非物质文化遗产项目不仅仅是一堆堆数据反映出的客观事实,更重要的是其背后的文化力量。身为政府工作人员必须深刻认识到文化的重要性,着力促进经济建设、政治建设、文化建设三位一体发展。

(二)构建保护和培养村落仗鼓舞传承人的管理和保障体系

村落仗鼓舞传承人的保护和培养,三分靠建设,七分靠保障。仗鼓舞传承人保护和培养的成败的关键在于仗鼓舞传承人管理和保障体系的建立。为此,笔者建议以制度与法律保障、政策与资金保障、技术与人才保障、文化与教育保障和公共服务设施保障五个维度保障为依托,构建保护和培养村落仗鼓舞传承人的管理和保障体系,详见图5。

1. 制度与法律保障

村寨仗鼓舞传承人的保护与培养是一项长期、复杂的系统工程。要想做好这一工程,依法管理、完善制度与法律保障是基础。为此,要建立和完善乡村各级政府非物质文化遗产保护责任机制,对村落仗鼓舞传承人的社会地位和技能提供完善的法律保护,一是要对传承人在保护发展非物质文件遗产做出的贡献适时给予表彰奖励,以提升他们的社会地位;二是传承人作为仗鼓舞这一非物质文化遗产的重要组成部分,政府在鼓励他们传承仗鼓舞技艺和技能时,应注意为他们提供配套的法律保护,出台地

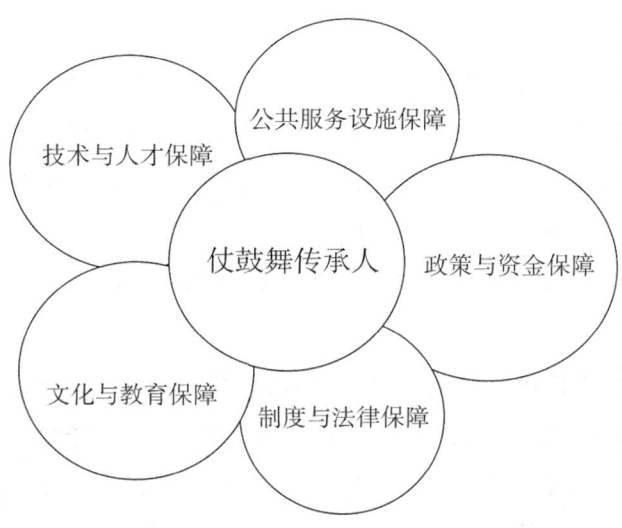

**图5　村落仗鼓舞传承人保护与培养管理和保障体系图**

方性法规、申请专利等。要建立国家、省、市、县、乡五级仗鼓舞传承人命名制度和传承人管理办法，并配套制定相关的政策。制定乡镇保护管理传承人条例时，从以下几个方面建构：乡镇仗鼓舞代表性传承人普查、传承人资格认定的条件、享有的权利和义务、仗鼓舞传承内容、传承方式……基层干部要建立仗鼓舞代表性传承人档案，为代表性传承人仗鼓舞传承活动提供支持和服务等。

2. 政策与资金保障

在村落仗鼓舞传承人保护与培养中，最重要的是制定确保村落仗鼓舞传承人传承事业健康发展的支持政策。同时，获得足够的资金是确保村落仗鼓舞传承人保护政策得以实现的基本保障。因此，一方面应对村落仗鼓舞传承人制定适时、适地的支持政策，如针对仗鼓舞传承人传承谱系队伍合理，保持可持续发展态势的实行奖励鼓励政策。传承人利用自身掌握的文化资源，发展文化产业，政府应给予税收减免的优惠政策。补偿政策、认同政策、利益政策、人才支持政策、投资融资政策、传承人培养提高政策等都是保护培养村落仗鼓舞传承人的政策。另一方面应对村落仗鼓舞传承人传承活动的资金给予保障。要通过多渠道筹集资金，完善各级政府投资，利用外资、民间投资、银行信贷等融资平台，老乡及成功人士捐款捐资，借助村落旅游资源开发资金，确保村落仗鼓舞传承人传承活动的支撑资金到位。另外，建议提供传承人生活补助，让非物质文化遗产传承职业化，这有利于传承与发展仗鼓舞事业，不会因生活贫困迫使传承人放弃传承这一神圣职责。还可以实行学徒助学金政策，以稳定接受传承人群。

3. 技术与人才保障

在村落仗鼓舞传承人保护与培养中，技术与人才是构成其支撑体系的重要保障。村落仗鼓舞传承人在舞台表演传承时遇到了表演队形如何编排，音乐如何剪辑，仗鼓舞的传统动作如何与现代灯光、音响和设备完美结合等问题，政府部门应为其提供相关技术支持与保障。此外，应给予计算机技术、通信技术、数字广告技术等新媒体技术的支持与保障，以便村落仗鼓舞传承人利用新媒体宣传与传承桑植仗鼓舞知识、技能和技艺。

村落仗鼓舞传承人传承活动是一种活的动态的过程，当传承活动的过程逝去，留给大家的仅仅是一些模糊的印记。因此，必须建立村落仗鼓舞和传承人的数据库，使当地村民、后代和研究者等有"库"可依，有"据"可查。为此，政府应提供建立仗鼓舞数据库的人才保障服务，保护村落仗鼓舞传承人技艺的传承。

4. 文化与教育保障

村落仗鼓舞传承人流失、"传承链"断裂的原因是多方面的，但部分白族村民的文化自觉意识不高是重要的影响因素。文化自觉是生活在既定文化中的人对其文化有"自知之明"。村民对村落仗鼓舞文化的选择与取舍，归根结底要靠其文化持有者的文化自觉意识。因此，要唤醒村民的文化自觉意识，加强村民对民族文化的理解，提高他们对民族文化流逝的危机意识，明白"人亡歌息、人走艺绝"保护传承人的道理，促进村落仗鼓舞文化教育传承制度化。要充分利用学校、幼儿园保护传承仗鼓舞文化的这一重要阵地和最佳文化保护形式，让仗鼓舞进教材、进课堂、进教研、进基地、进实践，培养学生的民族文化认同感和民族自尊心，增强其文化自觉性。

5. 公共服务设施保障

公共服务设施由公共服务和设施两部分组成。公共服务设施是提供公共服务的物质工程设施，是仗鼓舞传承人生存发展的一般物质条件。保护和培养村落仗鼓舞传承人，必须为他们及其组织提供从事仗鼓舞传承活动必备的基础性服务，如桑植县麦地坪村、银屋村、梭子丘村都有传承活动的中心广场，相关部门必须为其提供水电服务。着力解决基础设施问题，如照明用电、卫生设施、音响设施等，以方便仗鼓舞传承活动的正常开展。为此，一要加强仗鼓舞传承活动村落公共服务设施规划管理，实行余缺调剂、综合利用、合理使用。二要增加公共服务设施建设的财力投入，保障公共服务设施有效运行。

（三）狠抓村落仗鼓舞传承人保护与培养的落实工作

做好村落仗鼓舞传承人保护与培养工作任务艰巨、责任重大，绝不能仅停留在口头上,要内化于心、外化于行,狠抓其工作落实。

一是强化领导抓落实。要成立村落仗鼓舞传承人保护与培养管理领导小组,建立专门机构,认真履行保护管理仗鼓舞代表性传承人的工作职责,为其开展传承活动创造更多条件。

二是强化宣传抓落实。举办宣传仗鼓舞为主要内容的培训班,加强仗鼓舞传承人宣传报道,营造尊重、关爱和保护传承人的社会氛围,全面提高仗鼓舞传承人的社会地位。

三是强化制度抓落实。明确仗鼓舞传承人保护与培养的意义,形成保护与培养仗鼓舞传承人的各项制度,全程、全面加强传承人保护培养监管工作的落实。

四是强化政策资金抓落实。强化对村落仗鼓舞传承人保护培养工作的政策支持和资金保障,对支持仗鼓舞传承人保护培养工作的各项政策要检查验收,多层次、多方式筹集仗鼓舞代表性传承人保护基金,监管其传承活动的支撑资金到位情况。

五是强化技术人才抓落实。检查代表性传承人的建档情况,适时指导和检查村落仗鼓舞和传承人数据库建设。加强代表性传承人的专业素质培养建设。

六是强化文化、教育和公共服务设施抓落实。要科学保护培养仗鼓舞传承人,在文化、教育和公共服务设施保障上既要着眼未来,建立长效机制,更要立足现实,有具体的做法和措施。为此,一要抓好仗鼓舞传承人文化、教育和公共服务设施保障的设计规划;二要抓其文化、教育和公共服务设施保障中的瓶颈问题等。

国家级非物质文化遗产项目桑植仗鼓舞是非物质文化不可或缺的重要组成部分。作为白族古今一脉承载的民间舞蹈,它衔渊源,蕴历史,携沿革,显审美,根基弥壮,无愧为白族的珍宝、中华民族的瑰宝。调研表明,桑植仗鼓舞的保护工作任重而道远,关于仗鼓舞传承人的保护研究依然在路上。笔者期待通过对桑植仗鼓舞传承人制度与法律、政策与资金、技术与人才、文化与教育和公共服务设施管理与保障体系的建立,全面提高传承人各方面的待遇,突破桑植仗鼓舞传承后继无人的困境,让优秀的桑植仗鼓舞文化遗产薪火相传,永续发展。

**参考文献:**

[1] 侯碧云. 桑植白族仗鼓舞的艺术特征. 艺海,2009(3).

[2] 朱立露. 湖南桑植白族仗鼓舞研究. 福建师范大学硕士学位论文,2014.

[3] 黄晓娟. 桑植白族仗鼓舞的形态特征研究. 湖南师范大学硕士学位论文,2014.

[4] 周建明. 中国传统村落——保护与发展. 北京:中国建筑工业出版社,2014.

# 黑龙江地区满语言传承的"活化石"

## ——黑龙江省孙吴县沿江满族达斡尔族乡四季屯何世环的田野调查报告[*]

郝庆云 姜小莉[**]

20世纪90年代以来,满语被联合国教科文组织定为极度濒危语言。目前,能够流利地说母语形态满语的存世者几近绝迹。黑龙江省孙吴县沿江满族达斡尔族乡四季屯何世环老人是黑龙江省满语言非物质文化遗产传承人,年逾90,是国内目前唯一能用满语母语流利地讲述满族老罕王传奇故事、说唱满族民歌和萨满小调的满语言"活化石"。由于她春秋已高,所以对其掌握的满语文宝藏进行抢救性收集采录十分迫切。课题组对她及她的家人、生活地区进行了持续的访谈和田野调查。

---

[*] 本文系2019年教育部规划基金项目"满-通古斯诸族中华民族共同体意识形成与传承研究"(项目编号:19YJA770006)和教育部哲学社会科学研究重大课题攻关项目"中国满语文保护抢救口述史与满语音像资料库建构"(项目编号:16JZD033)的阶段性成果。

[**] 郝庆云,东北大学中国满学研究院三级教授,历史学博士,博士生导师,主要从事东北方民族与疆域史教学与研究工作;主持国家社科基金后期资助项目"赫哲族社会历史文化变迁研究",国家社科基金冷门"绝学"项目"17至21世纪初俄文文献中赫哲族资料收集整理及著作目录",教育部2019年度规划基金项目"满通古斯族中华民族共同体意识形成研究"及黑龙江省社科规划项目"渤海人的社会生活研究"等;出版学术专著《赫哲族社会文化变迁研究》(学习出版社2016)、《渤海人社会生活研究》(中国社科文献出版社2018)等6部;在《中国边疆史地研究》、俄罗斯科学院远东分院主办的《俄罗斯与太平洋区域研究》等刊物上发表学术论文50余篇。在东北民族史研究资料占有方面具有优势,多年来与俄罗斯学者之间建立了深厚的学术友谊,能够直接大量获取使用俄文民族调查、民族志资料进行课题研究。特别是在赫哲族、那乃族等满-通古斯语族社会历史变迁、渤海国历史文化方面的研究取得了一定成绩,在国内外有一定影响。姜小莉,吉林师范大学历史文化学院副院长、副教授,历史学博士,主要研究方向为萨满教、满语、满族史。在《社会科学战线》等刊物发表专业论文十余篇,主持完成教育部项目"清代满族萨满教演变及影响研究"及省部级科研项目3项,获吉林省社科优秀成果奖1项。

## 一、黑龙江地区满语文存续状况

20世纪90年代以来，满语已被联合国教科文组织定为极度濒危语言，其命运受到国内外学术界及社会的关注。中、俄、蒙古三国中有13个族群曾经或正在操阿尔泰语系满—通古斯语族语言，其中满语是满-通古斯语族语言中唯一具有完整文字体系的语言，清代被定为官方语言"国语"，满文又被称为清文、清书。满文初创于明万历二十七年（1599），后金天聪六年（1632）经过巴克升·达海改进满文，"补额尔德尼所未备"，到康熙朝前期臻于完善。有清一代，满语文曾推广至全国使用，乾隆中期，满语及满文的发展与使用达到顶峰。自此以后，随着满族与汉族深层次地接触与融合，满语满文的使用开始呈下降趋势。清帝退位后，满语满文退出了官方使用领域，只保留在日常交际生活中。由于满族与汉族的大范围、多层面接触，许多满族民众逐渐放弃了本民族的语言文字，开始转用汉语文。民国以来，除了东北地区少数村屯仍然使用满语外，满族群体从姓氏到语言均已经使用汉语汉文。根据2010年第六次全国人口普查统计，满族人口数为10623327人。在这一千多万满族人口中，能够用本民族语言进行生活交流的人数不足百人。据本次调研统计，以母语形态存在的满语使用人员有20余人，满语文已处于灭绝的前夜。

满族是黑龙江地区的世居民族，具有大分散小聚居，与汉族杂居的特点。黑龙江省现有满族人口1033496人（2010年第六次全国人口普查数据），主要分布在哈尔滨、黑河、绥化、牡丹江地区，上述地区满族人口为667053人，约占全省满族总人口的64.5%。满族人口在万人以上的市县有哈尔滨、齐齐哈尔、牡丹江、鸡西、伊春、阿城、五常、双城、呼兰、龙江、讷河、宝清、桦南、勃利、富锦、依兰、宁安、海林、林口等23个。全省满族乡25个，满族联合乡8个，居住满族299825人，占全省满族人口28.9%，不到满族人口的1/3。① 据2010年第六次全国人口普查数据统计，双城市是满族人口最多的地区，共计151979人，其次是五常、哈尔滨、阿城，人口在6000人以上。但是，除富裕县三家子村、孙吴县四季屯、黑河地区红色边疆农场、阿城料甸乡、宁安市村屯依兰岗村等，有个别满族老人日常生活中偶用满语口语，且均不会写满文，母语形态的满语文已经退出日常生活环境，现在所使用的也只是一些满语文的残留部分。随着满语文的消失，虽称满族乡，但已经无人讲满语，满语言的文化基因传承断裂，满族文化元素也基本消失。

---

① 波·少布：《黑龙江满族》，88页，哈尔滨，哈尔滨出版社，2008。

黑龙江地区曾是满语使用教习的典范之地。清廷为了满足管辖东北边疆地区人才的需求，培养东北地区各少数民族知识分子，入关之初就积极地在东北地区兴建八旗学堂，满语教学是学堂的重要教学内容。八旗学堂的兴起和稳步发展扩大了满语文的使用范围，延续了满语文的使用时间，使清代的东北边疆地区成为通行满语文的文化区域。顺治元年（1644），清政权定都北京，入关进驻北京和全国各地的驻防满族人受汉族影响逐渐汉化，乾隆后期，开始废弃满语文完全接受汉语文。而吉林和黑龙江将军辖区①由于八旗学堂的普遍建立，不仅长时期保留了本民族的语言文字，而且将满语文的使用扩大到其他与满族关系密切的赫哲、鄂温克、鄂伦春、达斡尔、锡伯等民族。《吉林外纪》以及《黑龙江志稿》中都曾经记载"吉林本满洲故里，蒙古、汉错屯而居，亦皆习为国语（即满语）""黑龙江满蒙汉八旗并水师营站丁、官屯庄丁，二百年来向读清书（即满文）"。连使用蒙古语文的八旗蒙古、使用汉语文的八旗汉军和水师营站丁为大势所趋，也都纳入了满语文系统。道光五年（1825），吉林将军富俊提出八旗官兵在骑射之外还应该教授清汉文艺的问题之后，吉林乌拉城开始设立学校开设满汉文翻译课程。黑龙江地区旗营档案一直到咸丰末年都用满文记载，同治以后始兼用满汉两种文字。从满语满文在东北地区的发展来看，清代人把东北边疆满语文的盛行归于"盖官学设立已久，后先传习"的结果，是非常符合实际的。

　　黑龙江地区是满语使用较好的地区之一，也是研究满语、满族文化的重要基地，是目前活态满语的重要存续地区。满语使用和保存最好的地区主要是满族居民较多且聚居的村屯，最具代表性的是黑河地区和齐齐哈尔地区。20世纪60年代中期以前，满语在这里仍有很大的使用范围，并作为部分满族村屯的交际语言而存在。在20世纪60年代中期至80年代中期，由于能熟练使用满语的老人自然减员，人口的变迁，满语使用群体遭到破坏。20世纪80年代中期至现在，黑龙江地区满语处于快速濒危状态。

## 二、何世环老人满语口语的稀罕性和唯一性及其学术价值

　　黑龙江省孙吴县四季屯的何世环老人，满族老姓恒克勒哈喇，生于1928年，年逾90，属于存世的活态满语典范，是黑龙江省满语言非物质文化遗产传承人，是国内目前唯一能用满语流利地讲述《阴间萨满》等满语故事，说唱满族民歌、萨满小调的满语"活化石"。不仅如此，何世环老人汉语说得也很清晰流畅。

　　黑龙江地区满语文存续调查组自2017年4月至2018年8月，持续两年的时间先后

---

① 今天的黑龙江地区清代由吉林将军和黑龙江将军分管。

对孙吴县四季屯进行了田野调查，包括乡土采风、社会调研和人员采录和口述史的采访等工作。

四季屯始建于清康熙年间，为四姓屯（duin hala tokso），即吴、何、曾、关的别称，位于黑龙江省北部，濒临黑龙江右岸，隶属孙吴县沿江满族达斡尔族乡管辖，距乡政府驻地4公里。清初，雅克萨战役胜利后，萨布素将军率八旗和达斡尔兵丁开始在黑龙江两岸屯田戍边，四季屯是其中屯垦点之一，逐步形成自然屯。清光绪二十六年（1900）"庚子俄乱"，被沙俄侵占，村民逃散。收复后，村民陆续返回，人口逐渐增多。据资料记载，1919年四季屯共有61户居民，其中满族33户。沿江乡的村屯在1929年前属爱辉县第四区，后为奇克县（逊克县前身）第四区所辖，1940年划归孙吴县，1948年土改结束，建立了第三区人民政府，1956年改为沿江乡，1959年成立人民公社，1983年建乡政府，1988年改为沿江满族达斡尔族自治乡。沿江乡位于县城东北沿江平原一带，东南与逊克县毗邻，西北与黑河市接壤，西南与本县腰屯、卧牛河两乡为邻，东北隔黑龙江与俄罗斯相望。全乡辖9个村8个自然屯。其中四季屯，东、西霍尔漠津，大小桦树林子等屯开发较早。康熙二十三年（1684）一些吴姓八旗从宁古塔移居今四季屯，逐渐形成自然屯。同年一批何姓人家从宁古塔移居于今东、西霍尔漠津屯，在此约200年前从山东曲阜县迁来的一些曾姓人家住在此地，后来曾姓被编入汉八旗（正白旗），而何姓（满族）属镶红旗。今全村满族人口最多，共有400余人，主要从事农业生产，兼事捕鱼。由于地域偏僻，交通闭塞，至今较完整地保留着满族的文化传统和风俗习惯。但调查得知黑龙江地区仅有富裕县三家子和孙吴县四季屯有10余位年长者能较流利地说一些满语日常用语，而且多不会书写，日常生活中也不再使用，满语文已经退出了社会生活领域。四季屯仅何世环老人一人能流利地讲满语，她的家人和同屯的亲戚均已听不懂，只会只言片语。大五家等地仅有吴振群等4人能讲为数不多的满语。正因如此，联合国教科文组织公布的"世界濒危语言地图"，满语属于"极度濒危"级别，位列五级濒危等级制（已灭绝、极度濒危、严重濒危、明显濒危、有危险）的第四级。另外，黑龙江的满族乡村缺乏满族文化元素，满语仅体现在一些地名和街道名称中，如牡丹江宁安依兰岗村、黑河市四嘉子、蓝旗沟等。

2017年4月，课题组从黑河驱车出发，沿黑龙江蜿蜒向南，穿越小兴安岭。我们沿途看到，借助于改革开放的东风，加之党的民族乡建设政策和社会主义新农村建设，沿途的人文景观已发生了很大变化。公路的质量大大提高，公路两侧树木葱茏，农村的建筑也多半规划有致。沿途路过几个满族乡，停车调研的结果是没有人知道该乡谁会说满语，有个别知情者则指向何世环和吴振群等人。约两个小时，我们到达了四季屯。何奶奶（何世环）与其幼子关万里（40岁左右）在一起生活。她身体硬朗，思维清晰，语言流畅，声音高亢。关万里一家3口，有一个女儿已成年。关万里一家以务农打鱼为生，生活不算富裕，看其房屋院落和家具陈设，属于农村的中等家庭。何世环老人对我们很热情，讲了很多她的经年往事。

2018年8月，调查组再次前往四季屯，做全面调研。以下是根据对何世环老人的访谈录音整理。

**访谈者**：请简单谈谈您以前经历过或听说的那些事。

**何世环**：我今年90岁（按此为1927年出生），哪一年不知道，属龙（按此应为1928年出生）。我17岁到这屯，是爱辉县人。我家是富农地主，我是嫁到这儿的。我们老家是俄罗斯六十四屯那，我有一个姑姑、一个大爷在那边生的（指俄罗斯阿穆尔州）①，剩下我四个姑姑，一个大爷，我爸爸，一个叔叔，是这边生的（中国黑河瑷珲），我们家没有老坟，我太爷、太太落在那边了。我爷爷和我奶奶，大爷爷、我一个姑姑他们姊妹3个带着孩子过来的。听我爷爷说的，我爷爷他们自愿回来的，我太太、太爷不舍得那个家，光让儿子、孙子回来了，我爷爷说，后来再去找他们。我是爱辉县下马场的，最后一个屯子的。后来再没过去过。就我爷爷他们去找我太太、太爷去了。我爷爷和奶奶、我大爷爷和大奶奶、我姑爷爷和姑奶奶，他们姊妹3个都回来了，带着孩子。

过去，老毛子把中国人撵过来以后，人都往那布克（今布拉戈维申斯克市）跑，人还围着这黑龙江跑，这都是搁老毛子那边跑过来，这四家屯，有关、闫、张、富，别的姓来，都在山上盖房子。

富姓、张姓、关姓、闫姓，这四个姓。

他们别的姓都害怕，都在山里盖房子，这几家没害怕，就住这，就四家屯。为什么四季屯称满族屯呢，他们就是这么来的。

**访谈者**：现在亲戚还有谁？

**何世环**：老一辈的一个都没了，我这辈的我算是老大，我有个兄弟，和我同年同月同日生，是我老叔的孩子，我父亲老二，我老叔老三。我们姊妹这么多，都是在一个屋长大。

小时候，我爷爷都说满语，我这汉语说得好为啥，我们家是富农人家，

---

① 括号是作者加注。

我爸爸是教学的，我从小就跟着我爸爸上学，我们家老哥仁儿，姐妹15个都上过学。

访谈者：请您谈谈结婚时的事。

何世环：我是姑姑做婆，过去都是近亲结婚。我大姑也是搁老毛子那边过来的。那时候姑娘到17岁就要结婚，我姑姑就说了，她说姑娘你都这么大了，给我哪个儿子做儿媳妇，我大姑姑就问我爸爸了，我爸爸说了，我给老大，他们都没念书，我爸爸看不起这不念书的，这么的就把我给他了，我17岁，他25岁。

那时候，姑娘订婚就是一口猪、一桶酒，就算订婚，特意给你买一件衣裳、两件衣裳，那就是两码事了。那时候就是满洲国了，也不好过了，他们家挺难，那时候陪嫁多啊，柜子、箱子都有，有慢帐的，三铺炕，一个人挨着一个人睡觉啊，没有一个人睡一个炕的时候啊，三天以内送嫁妆来了，送柜子来了，两个人在柜这边睡。

冬天坐爬犁，夏天坐车。结婚的时候，这得上街里看日子去，这时候你们叫登记领证啊，俺们那时候叫开婚姻帖。几点钟结婚，那时候有看这个日子的先生。10点、11点，不兴过12点，几点钟拜天地，俺们拜天地，是夜里，必须得过10点以后，三天前把柜子送来。

送嫁妆来，把柜子这么挡上了，有慢杆子，做慢子，把这挡上了。

把那车都得挡上，用柳条子弯成弯，夏天要坐车的话搁柳条弯成弯，搁那毯子、布、慢帐都围上，就跟那花轿似的，冬天呢，爬犁也做那玩意儿。

那天，新媳妇不行穿鞋，穿袜子，三伏天也穿棉袄，三伏天你结婚那天也得穿棉裤，俺们小时候没有穿裤衩的，穿单裤，穿棉裤，里头穿布衫，没有穿汗褡的，结婚吧，下晚来车，夜里走，这个来的时候，她们拿着衣服，大棉袍，那大棉袍不是自己家做的，总是那么一个大棉袍，是结婚人都穿那个玩意儿，有钱人家自个做一个。不行自己走，得抱着走，叔叔、姐夫谁抱都行，叔叔抱着上车，在门口妈妈拿一个馒头，给你塞嘴里头，咬一口你把它吃了，第二口吐在妈妈家地下，抱上车，不兴走上车，七个人来，一个车老板子，车里一个老太太接亲来的，新姑爷，两个傧相，那叫陪亲的，两个打灯笼的，那夜里走道得提灯啊，这都是骑马的，就赶车和那个老太太，新媳妇一坐，八个人，那些都是骑马的，来的老太太回去时坐送亲车上，咱们这去的老太太跟我坐迎亲的车上。送亲的坐我车上，来的老太太坐那个车上。

进院子得等到时辰，有忌属相，那得分属相，咱们俩什么属相，得忌什么属相，在开那个婚姻帖时就写了，那样人都得藏着，有喜的人（孕妇）不许看。

袋子上铺的红布，走那个，搁三个糠灯，麻秆做的，新媳妇下来，院子那搁张桌子，桌子上搁个斗，斗里装斗粮，粮上蒙张红纸，红纸上搁个弓，搁个箭，用麻秆做的那个糠灯，我们小时候没有灯啊，搁那麻秆用谷糠攥的，点一根糠灯就能玩一个小时。有三根糠灯。下车走到那地方两个人跪着，就冲这个南天门磕三个头，俩人都跪在一起，起来了。什么一拜天地、二拜高堂，那都扒瞎都，公公婆婆也不到场啊，夜里谁都不到场，都没有，人都在屋里呢，谁也没有，院子里都是人，公公婆婆不能出去，在屋里等着，大伯子、小叔子都在外头，就公公婆婆不兴出去，就冲南面磕三个头就拉倒，有人搀着，拜完天地了，男的先起来，在门口站着，门槛子上有个马鞍子，拜完天地把新娘子搀起来了，往这边走，盖头顶着呢，谁能看着谁啊，拜天地时谁也没看着谁啊，在房门口，我跨马鞍子的时候，我一条腿在屋里一条腿在外头的时候，他得把盖头挑了，这时候知道他长得什么样，这是没看着过的，我那时候见过。这回他把这盖头揣怀里头，这时候进屋上炕。

也有这红毡子、红褥子，那时候把那头发用红头绳绑上，绑那么高，牛犄角似的。搁妈妈家来的时候吧，都包这么大的小饺子，这叫子孙饽饽，这一个大皮子，再包上多少个小饺子，这么一包上，这个呢送亲来的时候，就送亲的老太太拿着这个交给你这老婆婆。

把这饺子给她老婆婆，老婆婆就给她煮了，煮完，搁幔帐里放张桌子，幔帐挡着呢，谁也看不着这新媳妇，就除了开脸那阵，把饺子端上来了，这回她掌柜的该坐这里吃这饺子了，他得坐炕上，该吃了，新媳妇吃不着，吃完了他就出去了，吃多了生的多，吃少了生的少。俺们结婚头了三四天就不给饭吃了，在妈妈家，就煮两个鸡蛋给你吃，这一天不许上厕所，一回都不许去，就上车之前，大伙藏着让你去出一趟，再就是一直到今天晚上日头落了以后，人都没有了，才许你上外头。饿倒是不饿，也上火啊，到人家就干活啊，谁不哭啊，谁不上火啊。太阳出来了，这回你再好好瞅瞅你掌柜的长得多高啊，长得什么样啊，瞎就瞎了，瘸就瘸了。整个在那站一天。小叔子拽，拽到炕沿，不兴自己下地，小叔子来拽，小叔子手里还给点东西，有的给点钱，有的给他一个手巾，就慢慢下地了。下地了，还坐那个车，一百步以外，冲他那老坟那边磕头，新媳妇、新姑爷磕头，进来的时候，她嫂子端一盆泔水，到跟前去了你得把这手洗洗。新媳妇来了，做饭的时候，别打盆，以前都是土盆土碗。

进屋里，衣裳搭衣裳，我过这头，他站那头，衣裳搭衣裳，搁在桌子上头，酒壶、银纸疙瘩、金纸疙瘩，黄色的，和那五谷杂粮装在酒壶里头，把这酒壶用纸糊上，来一个老太太，得岁数大的，得把它扎出眼，这个老太太就把这个倒了，这两口衣裳对衣裳，这大襟对大襟，就这么洒，她就这么晃，那就该说了。

她叨咕那个："养活儿子，打羊草，养活闺女，摘豆角，养活小子，编织匠，养活姑娘，锅台转。"

这都完了，那（壶）里头都淌完了，有两个人把你搀起来了，把你也弄起来了，先查查，过去人坏啊，你这衣裳里头，是粮食多，金疙瘩多，银疙瘩多，是你这里头多啊，谁的少啊，媳妇的要是多了呢，人说这媳妇娶到家是好媳妇，少了人家说这媳妇不是成家的东西。

这就一天了。说晚上这段，更难过啊。

两个被子、两床褥子、两个枕头，你今天晚上上炕吧，袜子都不许脱，只许脱鞋，穿什么你就穿什么睡，两个被子、两床褥子都给你掌柜的铺着盖着，枕头你也捞不着枕，妈家要行啊，送嫁妆时候柜子上有梳妆匣子，你垫个手巾能枕那玩意儿，穷人家就给你枕两个砖头，再不就给你两个捶衣服棒子，这一宿，你衣裳、袜子都不许脱，你这个新媳妇，人家什么都行，以前那衣裳缎子面的咔嚓咔嚓响啊，这一宿遭老罪了，好歹等到天亮，男的拿烟袋锅叩，第二天晚上许你脱衣裳。

回门（回娘家）。当天去当天回，远道的，不行，找个亲戚家去一趟得了，近道的能回去，远道的回不去。这屯子一家进去一趟给人家装烟去，得车上拉这么一袋子烟，嫂子带着，这叫认门，俺家娶媳妇了，他家姓李。

9天回妈家能住7天，若7天回妈家能住5天，都不许扔这空炕，你们俩这炕不许空，这就完事了。

过一个月，一个月不系围裙，有婆婆的婆婆做饭，有嫂子的嫂子做饭，咱们帮忙端饭。你五天，她五天，轮着干吧，你不会做饭，你学着点吧，娶我就给你装烟，娶老二媳妇，我就解脱了。老二要这辈子不结婚，我五年不生孩子，我五年还得给你装烟。天天一袋，早上起来一袋烟，洗脸水，以前洗脸，都在炕上，老头老太太都在炕上，晚上不装，晚上干活都累了。有钱人家不在一个桌上吃饭，去给老公公老婆婆端饭去，退三步转头才能走。你随便把饭倒完就走那不行。

　　我结婚的时候，他们家，我姑姑家过得挺穷，不咋好。因为啥，过去老人都这么想（我现在跟你们用满语讲，你们也听不懂）。我公公没有爹，我们奶奶婆带着儿子在这四季屯又嫁别人家，我老公公吧，15岁，我家富裕，就在我家扛活，一气扛那么些年，我爷爷就看好他了，这小子能干活，把我姑姑就给他做媳妇了，做媳妇就做十几年，后来我姑姑结婚后生了10个孩子，挺多的。我大大姑姐，二大姑姐，大的是个姑娘，二的是个姑娘，三的就是我们家这老头，我的老伴。把他们两个送到我们家，我们家是大地主啊，能养活孩子，送姥姥家养活，把大姐留下给老太太帮着做饭，剩下这几个都没去，把他送到我们家，在我们家念书。我爸爸是教学的，我们家有钱啊，跟我爸爸上学，就这么的把我给他做媳妇了。实际他比我大7岁，他今年活着98啊。

　　**访谈者**：请您说说满族的年节习俗。

　　**何世环**：满族人什么节也没有，就一个年，一个八月十五，一个五月节。满人汉人都得过年。

　　腊月二十四扫房。过小年了。杀年猪，进十月就杀了，那时候猪有的是，那时候我们喂猪没有喂过粮食，就搁草什么的这么喂。

　　有钱没钱，小的大的都是个猪。

　　包饺子。俺们一包饺子包一大板仓啊，能有多少肉啊，荞面的，白面很少。

　　白面饺子很少，也就吃三顿、四顿的，搁荞面的，蒸着吃，不能煮。荞面不能煮。贴年画，贴对子。

　　三十晚上接神，放炮仗，院子搁张桌子。满族人祭祀有影壁，那影壁地方不能搁。那索罗杆子三天里头得拔出去，搁大江冰眼里头，得让它走。当院子那也有影壁，那影壁谁都兴（允许）去，正旗人搁影壁地方，妇女一般不兴（允许）到那去，就进屋接财神，放完炮，儿子给爹磕头，孩子给妈磕头。拜年这就开始。下饺子。三十晚上那顿饭，妇女不能下地煮。男的做饭，男的端，妇女们累一年了，在炕上都坐着等着，都你们掌柜的做。就这一顿。他们把碗都拣下去，这回才下炕刷家伙去。

　　初一，男人给老人亲戚去拜年。初二，女人给老人亲戚去拜年。今年新娶的媳妇来我家拜年得给戴花。初三姑娘女婿吃完饭得回家。三十晚上供十个馒头，供在上面。进十月了，杀猪。进十月了，我们满族人都祭祀。祭祀吧，有钱人家吧，牛养的多，马养的多，庄稼也多，这叫杀太平猪，祭祖先。有钱人家到十月祭祀，杀太平猪，大伙一个屯子的人都吃。吃不完的肉得扔掉。第一天，在屋里杀猪，晚上杀猪。不点灯。杀完猪，都拿来，摆在西炕上。摆完了，把灯吹灭。

男人都跪在地上。

这个猪是给将军的二夫人杀的。是老罕王封的。

正月十五，不看灯，也不送灯。汉人来了有点灯了，用棉花捻子，我们这隔壁是汉族人，我看见过。正月、过年都扭秧歌，都是男的，没有女的去扭的，穿女人的花衣服。后来汉人来了会踩高跷。满族人没有踩的，满族人笨。

正旗人有萨满，有鼓有腰铃。

随旗人不跳，有萨满。各种东西都是用黄米面做的，煮红豆子，供在桌子上。

米酒也是用黄米做的。过年的都是白面的，祭祀的全都是黄面的。在屋里杀这个猪，不点灯。一个时辰，杀完猪，煮完，摆完。把这个猪杀完了，煮完了以后，有一个木盆，把猪头、猪腿按照一个猪的样子摆放，萨满摆件子，摆完以后，跪着，磕头。萨满念诵，磕头三次。背灯。这回就点灯了。

这回把猪肉往下撤，煮肉，吃肉。吃这个肉，外面的人都来，都是满族人，吃肉。今天吃剩的肉能留下，放在外面。一放起来，就不能见明天那个肉了。明天还有一个猪呢。满族人都有索罗杆子。索罗杆子绑在影壁上。太阳没出来时，影壁后边放三块石头，上面放上锅，把猪抓来，在影壁那杀。猪杀完，开膛，扒皮。上山砍八根木头，都有钩子，用钩子把皮钩住，抱来一抱豆秸，8个人拽钩子，两个用火燎，燎完了，猪毛都没有了。放桌子上，那个锅煮猪头、肠子、肝、肺、心，猪板油，各种东西都放在锅里煮。这时候，妇女不能去外头，妇女在屋里捞两大盆小米饭。

肉、肠子、猪头都煮熟后，放在饭盘里。门后坐着个人，谁呢，二萨满，在那坐着。把肠子、肺、心、肝切了。这个肉不能让妇女吃。猪头煮完了，男人们在外面就吃了。这时屯子里的人来了。吃完了呢，今天早上的肉外边人不许吃，都是一家子人吃。大人小孩都许吃，小姑娘能吃，女人不行。姑娘可以，女人不许吃。

吃这个饭，倒些韭菜，以前没有青菜，韭菜花压完，一个桌子放些韭菜花，猪香板油，一个桌子切一疙瘩，谁要是来吃肉，必须吃一块香油，吃韭菜花。饭吃完了，这会肉才能进屋，生肉、熟肉，才能进屋。

这肉大伙一起吃了。今天这肉、骨头、水，今天所有东西都倒在缸里头。

到晚上了，日头快落了，把东西舀出来，剩下的肉、骨头、各种东西，一起往外拿。谁拿呢，萨满，没有妇女拿的权利，都倒在影壁那。

还有一点忘说了。杀猪，都是什么猪呢，都杀公猪，把脖子那块骨头套在索罗杆子上。猪不要的肠子、屁股那、猪尾巴那块东西都挂在索罗杆子上。喂喜鹊，喂老鸹。一天所吃的这些东西都倒在影壁那，给狗吃。猪一般都不大，主要还是大伙吃，都吃完了才好呢。剩下的多少都倒在那。

做酒，酒都是老太太做。用开水冲了，放炕头上。满族人讲究多。祖先上上的不是咱们这个香，你们叫映山红，我们叫鞑子香。七月初七这天，老头老太太套车上山上去。穿上干净衣服，采叶子，放到太阳底下晒，干了以后，搁在碾子上压，这都是老头老太太干，没有别人干。碾了，过箩，筛完了，筛出来，放到龛上。用木头做的，那叫香炉碗。祖先龛上，谁家祭祀都用那个玩意儿，我家祭祀搁你家接来。为啥我们满族人死了都走窗户呢，我们不用门抬，我们人死了都搁这门抬。祖先走门，死人走窗户。今天要祭祀，你家祭祀完，从那家请你家去，萨满去，套爬犁（冬天冷，都套爬犁），这家接完，那家接，那家接完，那家接。你要祭祀完了，这个东西就在你家搁一年。过年他家要祭祀再请，轮流着搁。咱们一家子就供那一个箱子。

自己家龛是自己的，祭祀必须接那个东西。祭祀完了，这个东西就在你家搁着，明年谁再祭祀再接去。一年祭祀。今年啥事也没有这时杀两头猪，就叫杀太平猪。满族人都不一样，还有祭祀10天的呢，还有祭祀杀牛的呢，分哪个旗吧。

我爷爷都不知道他是哪个旗的，我老何家是随旗，这家（婆家）就是正旗人。我们家就磕哑巴头，他们家就祭祀。我家老伴就是萨满。

教萨满。10天得杀6头猪。教你萨满。

那还得人家选，不选你当不上。那得总萨满说了算，也有有病许的，你实在不好，就给祖先许上。

俺们棺材你看着过吗？跟汉人棺材不一样，跟房子一样，我的棺材都有，我儿子棺材都有了，我们满族人到60岁头必须拢棺材，我大儿子今年71，棺材早就拢了。我这小儿子今年48、49了，他还早呢。我大儿子我就告诉他，我们满族人到60岁必须得拢棺材。俺们死的人的衣裳都必须得60岁以前做出来。清明节不上坟。

三十晚上烧纸。在哪里烧纸呢,在大门口烧纸。三十晚上扫院子,扫完以后堆一大堆,大门口点上,让它冒烟,一直点到初一。晚上去那里烧纸。三十晚上,日头落以后,上大门口,这拨太爷的、爹的、娘的,这一拨,俺们都糊纸口袋,纸口袋上写上名,一拨搁这头点,点到这头,就都搁那跪着。都着完了,磕完头,倒酒。倒一瓶酒。俺们是三十晚上搁大门口烧,现在俺们也改革了,都上坟上烧了,现在大门口也不让点火了。

再说说五月节。

一根草,一根花花线,一块布,给小孩绑那个玩意儿。现在这个那个了。俺们小时候就整那个给小孩。

五月节采艾蒿,五月节可苦采药。

嘟嘟鸟嘟嘟嘟嘟叫,可苦鸟可苦可苦叫。

为啥五月节采艾蒿呢,就可苦鸟往里扔药了。

六月六驱虫子。布谷鸟干啥的,可苦吧,到六月六,六月六见谷秀,可苦来了我们就种谷子,到六月六那天,谷子上就有穗了,可苦来了说我没白来,就谷子穗掐一个,就走了,到北京给皇上送去了。咕咕鸟咋来的呢,姑姑跟侄女坐着船上山里去挖野菜去了,回来的时候船翻了,姑姑就淹死了,侄女就哭。

七月十五烧纸,坟要小了,填土。我老头死了,坟不要那么大,我死了得并骨啊,把坟刨开,两个棺材一起埋啊。

## 三、结语

通过对何世环老人的田野调查访谈,我们迫切感到对于"活化石"级别的满语传承人的保护和资助的紧迫性。

何世环老人已90岁高龄,居住在条件十分艰苦偏僻的沿江村落四季屯,房屋是没有集中供热和自来水的半砖半泥的平房,村里没有医院、医生、商业网点,蔬菜和粮食需要自产。老人的一只眼睛早已失明,另一只眼睛也视物不清。由于家境贫寒,一方面,冬季舍不得烧柴,取暖成为大问题,另一方面食物也较为匮乏,身体状况堪忧。黑龙江省富裕县三家子村的黑龙江省满族语言传承人孟淑静老人就是由于冬季室内寒冷,得了肺炎,于2018年4月去世了。何世环老人是在世的唯一能流利地说纯正的民国时期满语的人，由于身体原因不可能一次进行太长时间音像录制。基层地方部门应以黑龙江省文化厅颁发的《非物质文化遗产法》和《黑龙江省非物质文化遗产保护条例》为契机，改变粗放式管理模式，深入细化对非物质文化遗产项目及传承人资助的内容，急需采取具体的保护措施，如定期体检、送药上门、提供取暖设备、指导饮食和饮水等。建立激励机制，培养新的满语传承人。如何世环老人的幼子关万里也能说一些满语，他有就近向其母学说满语的有利条件，但由于忙于生计每天和母亲的交流时间有限，如能给予一定的激励措施，如提供录音设备、生活补贴等，让他把日常中和母亲的满语对话、和母亲学说满语和学讲满语故事、学唱满族歌曲等内容用手机录下来，这样一来，满语的活态存续就增加了一个传承人。

# 民族民间音乐舞蹈艺术研究

# 打油鼓：作为祭神表征的仪式及其场域的扩散*

熊晓辉**

打油鼓是产生于春秋战国时期并继续留存于现代社会的一种宗教祭祀舞蹈，主要流行于湖南湘潭地区及湘潭周边区域。打油鼓是湖南湘潭地区仪式舞蹈类文化中最具代表性的一种民间表演艺术，它有着三千多年的悠久历史，而且具有非常广泛的群众基础，故称为"油鼓舞"。湘潭地处湘江与浏阳河交汇之间，自古就是湖南的水陆交通要道和商业中心，文化底蕴丰厚。明清时期，打油鼓最为普遍，每逢农历五月二十八日，人们都到城隍庙迎神赛会看打油鼓，可以说是湘潭百姓祭祀神灵的盛会。据明代嘉靖《湘潭县志》记载："湘潭城区即有三街、九巷、二十六坊，城区依水设肆的格局即已定型。城、市分设，城内为县署、监狱、兵营、粮库、文庙、武庙等官方机构，城为郡市，由居民住宅区、商店、票号、会馆、戏坊、码头和非官方庙宇等组成。明代末叶，湘潭已开辟码头十余处，自杨梅洲至小东门'岸帆杈集，连二十里，廛市日增，蔚为都会'，天下第一壮县也。"①

可见，当时湘潭县的繁荣为人们开展打油鼓活动创造了社会条件与经济条件。我们又翻开清乾隆年间的《湘潭县志》，其记载："每至五月迎神引香，则挂绿张灯，讽经演戏，结台阁，排仪仗，鼓乐故事，喧阗赛于巷。"② 其中，打油鼓就是文献中记载的"排仪仗"。据说，当时排仪仗遍及全县各个村堡。之所以排仪仗打油鼓，是因为旧

---

\* 基金项目：国家社科基金一般项目"湖湘传统音乐史研究"（项目编号：2016FD03708）阶段性成果。

\*\* 熊晓辉，男，湖南科技大学教授、博士生导师，湖南科技大学艺术人类学研究所所长，湖南科技大学艺术学院副院长，主要从事音乐人类学、中国传统音乐研究。

① 《湘潭县志》第十一卷，贺值，27页，明嘉靖九年刻本。
② 《湘潭县志》卷二十四，68页，清乾隆四十五年刻本。

**图 1　清代乾隆年间湘潭县城地图（钱继明提供）**

时人们把希望都寄托于神灵，期待着神灵（城隍菩萨）来"巡按"①，以求除魔祛病，人畜平安。在当地曾流传着这样的民谣："五月迎神张灯挂，三角旗前驱妖魔；一把斧头一根棍，到处皆闻'嗨嗨'声。"湘潭"打油鼓之乡"由此得名。

传统仪式中的打油鼓既表述了湘潭地区民间社会对于"万物有灵"观念的认可，同时又表达了艺人（巫师）与观众的秩序与分类，可以说是自我与他者之间的表征差异。长期以来，人们不断整合自我表征与他者想象的文化符号，对打油鼓舞蹈进行了文化空间的表述，呈现了神话思维中文化表述的一种复杂关系。著名学者夏锦乾指出："对中国传统文化的审视不但需要理性的维度，也需要巫性的维度，在巫术世界里，虽然也存在鬼神这种超自然力量，但是它们都臣服于人的意志与力量，听凭人通过仪式来对它们调遣与使唤。这种对自身意志与力量的崇拜，是人类的童心显现，表现着人对世界的巨大的热忱与高度的自信，有着人性最可宝贵的一面。"② 舞蹈人类学家们都希望从一种文化整体观的角度去了解、研究打油鼓在现实生活中的表现形态，了解它们在多重语境下同艺术结合的发展向度，了解社会转型与打油鼓变迁的历程等。打油

---

① "巡按"：原指敬神祭祀的一种庆职科仪。在祭祀这天，人们将城隍菩萨抬下神案，扫污除垢，披红挂彩，称为"出案"。这里"巡按"指的是城隍菩萨按时施舍恩惠，降福于民间。

② 夏锦乾：《中国传统文化需要新的维度》，载《新华文摘》，2008（8），98页。

鼓作为一种民间祭祀舞蹈，被用于祭神、集会、娱乐、烘托气氛等不同的场合，其表征意义也发生了很大变化，不可能用单纯的"现代"与"传统"来划分，因为打油鼓彰显了传统祭神仪式和现代舞蹈表演同时并存的场域，有时把观众与表演艺人都看成同一场域中的参与者，人们在带有明快节奏的舞蹈活动中容易获得快感。学术界以此达成了共识，"随着新的舞蹈形态与传统仪式，舞蹈成为并存的社会实践，而且通过地方文本与现代化社会语境进行阐释，为其创造的艺术形态在社群文化秩序中获取了合法席位"[①]。就打油鼓而言，它既是一种民间祭神仪式，又是一种民间舞蹈艺术，在许多仪式舞蹈中，其本身的魅力是同巫术祭祀过程结合在一起的，其动作的演绎过程与近乎疯狂的情感体验使表演者和欣赏者获得极大满足，并通过自己的仪式表征激发人们的艺术想象。当然，在这样的场域扩散中，人们的功利性与意念性得到满足，因而获得自我肯定。

## 一、打油鼓的祭神表征与传承线路

湖南湘潭地区打油鼓是湖南传统民间艺术的代表，自打油鼓产生的那一天起，历经兴衰，它通过民间仪规的形式把远古的宗教礼仪、歌舞乐剧、民间禁忌、生活习俗等记录和传承下来，堪称民间宗教祭祀仪式舞蹈的"活化石"。从打油鼓舞蹈的表演形式上看，我们发现打油鼓虽然有不同形式的舞蹈种类，但是同一舞蹈在不同仪式、程序、空间中的呈现，并成为主要祭祀仪式组成部分，这种形式较为普遍。如今，舞蹈人类学家们对祭祀仪式舞蹈的研究已经从仪式舞蹈的源流语境转向于文化符号信息的传达，人们更看重仪式舞蹈的文化表征功能，就像英国文化学者斯图亚特·霍尔说的那样，"人们使用的各种记号与符号是作为一个表征系统来运作的，这些符号代表或向他者表征我们的概念、观念和感情。传统社会中的仪式为我们呈现了社会秩序，艺术作为社会文化表征符号之一，是地方社会分类与秩序的表达"[②]。从打油鼓舞蹈的起源来看，这是一项群体性的族群祭祀活动，在打油鼓中，许多动作程式都承载着一个族群的信仰观念、审美取向、价值标准及民族心理。可见，打油鼓舞蹈是湖南湘潭地区人们文化记忆的最重要的形式表征之一。

打油鼓的历史非常悠久，但其形成的具体年代无法定论，除了个别学者认为打油

---

① 邹宇灵：《作为文化表征的仪式艺术与文化再生产——以两个场域中的湘西苗族绺巾舞蹈为例》，载《民族艺术》，2016（6），101页。

② [英] 斯图亚特·霍尔：《表征——文化表象与意指实践》，徐亮、陆兴华译，16页，北京，商务印书馆，2003。

鼓源自隋唐时期，其他研究者均认为它形成于春秋战国时代。因为从一些出土文物与文献典籍来看，打油鼓已经具有三千多年的发展、演变历史，它主要源于古代先民的祭祀巫风。汉代王逸曾在《楚辞章句》中描述："昔楚国南郢之邑，沅湘之间，其俗信鬼而好祠，其祠必作歌乐鼓舞以乐诸神。"①《楚辞章句》中叙述的沅湘，也就是打油鼓的流行区域。又据清代学者顾炎武在其《天下郡国利病书》中记载的"湘楚之俗尚鬼，自古以然。岁晚用巫者鸣锣击鼓，男作女妆，始则两人执手而舞，终则数人牵手而舞。"② 就是对湘楚巫风的描述。在湘潭市窑湾出土的宋代瓷片上，绘有人们祭祀时三人围打油鼓的图案，旁边绘有小图案，有三人，有两人，表演着"开弓""起步""贴花""梳头""照镜""化妆"等动作。虽然瓷片已经残破，但能看出油鼓舞已从民间祭祀转向民俗生活，昔日打鼓的巫师已经不复存在。湘潭是打油鼓的流行地域，古代属于楚地，这里曾经巫风盛行。夏振荣在《中国民族民间舞蹈集成·湘潭卷》中指出："迨至民国年间，巫仍弥漫于湘潭城乡之间，巫师以舞降神为民祈祷，以及用烧油火的方法驱除所谓精灵鬼怪的事家，献到处可见。浅见认为湘潭的打油鼓源于古代巫风，不仅只是对当地巫风的传承情况进行调查研究考证，而更重要的是，从打油鼓的舞姿舞具和装饰等方面，证得它与古代巫风的血缘关系。"③ 由于是在每年农历五月二十八日城隍迎神赛会时表演的一种仪式舞蹈，打油鼓一直演绎着崇尚神灵的内容。因为宗教舞蹈一般都保持着鬼神崇拜、图腾崇拜、自然崇拜、祖先崇拜等观念，人们普遍相信"万物有灵"，所以巫师们在舞蹈的时候，也都陷入一种痴狂的状态，他们已经具有无意识的神话表征。

千百年来，湘潭地区人们在端午节这一天表演打油鼓，迎神赛会，极具强烈的表征意义，已经成为一种宗教祭祀仪式上的表征符号。巫师与艺人们认为，打油鼓是一个重要的地方文化表征符号，这足以让湘潭百姓与周边少数民族实现文化空间的隔离。但是，由于湘潭特殊的地理环境，加之历史上巫文化在该地区的盛行，由此导致了楚巫文化与儒家、道教、佛教文化元素的融合交汇，最后形成以湘潭文化为背景，具有多元成分的湘中文化，打油鼓就是其最为典型的一种表现形式。关于这一仪式舞蹈以"油鼓"命名之由来，民间历来有几种说法，一种说法是因为鼓身似古代盛油之容器而得名；另一种说法叙述的是该舞蹈演绎时，须要烧"油火"而得名。打油鼓虽然是一种宗教祭祀舞蹈，但是从民族风格上观察，打油鼓同时又属于一种民俗事象，因为表

---

① （汉）王逸：《楚辞章句》，171 页，上海，上海古籍出版社，2017。
② （清）顾炎武：《天下郡国利病书》，301 页，上海，上海古籍出版社，2012。
③ 中国民族民间舞蹈集成编写组：《中国民族民间舞蹈集成·湖南省湘潭卷》（内部资料），174 页，1984。

演的特殊性，因此呈现了别具一格的民族与地方特色。打油鼓祭神表征主要表现在以下几个方面：

其一，在祭祀活动中，通过"鼓手"（一般为巫师）来沟通人与神之间的关系。在传统的油鼓舞中，击鼓主要由"鼓手""雷公""电母"及一些手拿三角旗的人等组成，他们的步伐为"禹步"，具有较强的巫风色彩。明清时期，资料记载油鼓表演均为两人，鼓手（多为巫师）表演"梳头""洗脸""照镜""理鬟""贴花""点珠""开弓"等动作，这些动作都与"巫祭"有关联。湘潭油鼓专家钱继明①解释为前六个动作是女巫在娱神前，为表示心意虔诚修饰容貌的艺术形象，后一个动作则是表示使用弓矢去制服精灵鬼怪的艺术形象。

其二，巫师利用油鼓为道具，在表演中，击鼓人不断将硫黄硝撒向火炬，使火炬上的火苗腾空而起，象征着用"油火"驱除和烧掉精灵鬼怪。此时，手拿三角旗的人站立于鼓手身后，而且背后需插上长方形、三角形等形状各异的大旗，旗杆上绘有羽毛状花纹，鼓手身穿黑色对襟衫，下系黄色虎纹三角裙，赤脚露胸，随着鼓点与呐喊声，整个场景显得十分肃穆。

其三，在宗教信仰上，人们信仰多神教，但有一部分主要还是信仰家神与祖先。共同信仰的有道教、佛教、儒教诸神，不同之处是人们分别祭祀自己的祖神，如彭家神、田家神、毛家神等。

其四，人们祭祀与演绎的场所有同有异，有的在庙前表演，有的在空旷的坪场表演，有的在田野间表演。文献记载，湘潭油鼓舞过去主要在沿江庙宇里表演，如湘潭县东坪镇至今还有敕龙宫、万福寺、朝南庵三处保存完好的油鼓表演场所；有距今约两百年历史的清嘉庆间民间制作砖模的遗迹，如手印墙、孙家大院、财神庙、古石板路等。每逢火灾或其他自然灾害，巫师们前后两个人像抬轿子一样，中间放油鼓，巫师打着油鼓，念着口诀来消灾灭疫等。《湘潭县志》②记载了清末至民国年间湘潭东坪镇巫师李宗普家族系盛行专门从事这个职业的情况。

---

① 钱继明：湖南湘潭人，湖南省新世纪121人才及湘潭市文化名人。主要作品有群舞《袁隆平的梦》（获全国第七届舞蹈比赛文华优秀节目创作奖）、《山的语言》（获全国第十届群星舞蹈比赛群星奖），舞蹈诗《盘王之女》（获湖南首届艺术节金奖编剧编导奖和八个单项奖）。

② 《湘潭县志》卷二，75页，铅印本，1912年（清宣统四年）。

表1 湘潭打油鼓祭祀的神灵谱系表

| 道教神系 | 佛教神系 | 儒教神系 | 家庙神系 |
| --- | --- | --- | --- |
| 玉皇大帝 | 释迦牟尼 | 孔圣宣王 | 文魁武魁 |
| 洪钧老祖 | 达摩祖师 | 五方天弟 | 七曲文昌 |
| 太白金星 | 观音菩萨 | 三官大帝 | 地脉龙神 |
| 太上老君 | 文殊菩萨 | 阳官 | 招财郎君 |
| 元始天尊 | 弥勒佛祖 | 斗老 | 护佑门神 |
| 灵宝天尊 | 普贤菩萨 | 东岳大帝 | 瑞庆夫人 |
| 真武祖师 | 哼哈二将 | 南岳大帝 | 天禄地雅 |
| 雷部正神 | 八大金刚 | 三山灵公 | 屋檐童子 |
| 瘟部正神 | 十八罗汉 | 土神 | 地方尊神 |
| 北星七斗 | 地藏菩萨 | 十殿冥王 | 地方河神 |
| 四大天王 | 其他佛尊 | 八尊神君 | 族祖家先 |

湘潭地区的"打油鼓"源于远古时期的巫风,其舞蹈内容糅杂了湘潭古代神话传说,是一种包括古代"干舞""族舞"等为内容的巫舞。"打油鼓"在民间有着"收瘟摄毒"的功能,因此受到人们的喜爱,得以长久流传。巫师作为油鼓的表演者,他又是怎样使"打油鼓"舞蹈经久不衰?

笔者认为,湘潭油鼓舞蹈在传承过程中,有两个关键的环节:第一是表演油鼓舞蹈的舞蹈家本身就是巫师,他们在祭祀仪式中借用宗教仪式规程,臆想油鼓背后常常蕴藏着一个神灵或一种超自然力量,所以神圣,而且具备了仪典化的功能。第二是油鼓充当了神与人的媒介作用,无论任何人,当他面对油鼓时,都会产生一种肃穆的仪式感。

湘潭古属楚地,巫风尤盛,直至20世纪50年代初,巫风祭祀仍然蔓延湘潭城乡之间,巫师以舞降神为民祈福除妖,祭祀时用烧"油火"的方法驱赶精灵鬼怪。尤其是明清以来,随着湘潭地区社会经济、文化的发展,湘潭县城十分繁荣,因此打油鼓也十分盛行。明清时期湘潭地区各大寺庙繁多,庙宇香火旺盛。

我们看到的打油鼓之所以具有浓郁的宗教性,是因为打油鼓融入了许多古代神话,出现"雷公""电母"的角色,其意主要是在宣扬神灵的庇佑。古时候,人们认为鼓为夔皮冒所,而夔乃神兽,光如日月,能调节风雨,可赖以保五福禳灾,谷丰登,六畜兴旺;鼓可声威天下,精灵鬼怪之属,闻之当潜藏不敢作祟;雷神乃正直之神,又有电母相助,能洞察人间一切善恶,轰劈天下好妖孽,因之乐于打油鼓以祈福禳灾。①后来,打油鼓在发展过程中形成了"文""武"两类,其中湘潭县城隍庙祭祀、老君庙会、祭孔等都以"文"场居多;端午节赛龙舟等则以"武"场为主。明清时期,人们表演打油鼓,一是为了公祭列祖列宗保一方风调雨顺,平平安安;二是用以庆祝龙舟获胜;三是巫师以舞降神收瘟摄毒,为民祈福以及用烧"油火"的方法驱除妖魔。

20世纪50年代以后,湘潭"打油鼓"活动获得新生。1956年湘潭地区农民文艺调演,湘潭市文化馆干部周乙歧、陈其庆组织的打油鼓表演深受群众欢迎。1981年10月开始,湘潭市群众艺术馆、文化馆对"打油鼓"舞蹈进行全方位普查,钟善根与邰天言编写的《湘潭打油鼓》收录于《中国民族民间舞蹈集成·湖南省湘潭卷》中。1992年6月,湘潭市群众艺术馆举办了油鼓民俗舞蹈班,参加人员有刘金玉、黄多、陈镜安、平文生、郑杰伟、朱霆、李尧生等人。后来,由刘金玉编导,刘金玉、黄多、陈镜安、平文生、郑杰伟、朱霆、李尧生等表演的"打油鼓"舞蹈《山乡油鼓》于1992年湖南省群文系统音乐舞蹈调演中获二等奖。20世纪90年代后,以钱继明为代表的一批青年舞蹈家被"打油鼓"舞蹈所吸引,他们自发挖掘整理"打油鼓"舞蹈,成立了湘潭市"打油鼓"民俗艺术研究中心。2017年钱继明等人又把湘潭市"打油鼓"民俗艺术研究中心搬进了湘潭市高峰塔进行宣传,参观的人数多达数万人,以"打油鼓"舞蹈的形式增强了人们对社会文化的认同,促进了广大民众生活关系的稳定。2018年9月,由钱继明创作的大型"打油鼓"民俗舞蹈《鼓舞湘江,窑湾祈福》在湘潭窑湾表演,取得了良好效果,构筑了人们对现实社会生活的认知和地方传统文化的记忆。

## 二、仪式的表述语境

打油鼓秉承着古代巫风的传统模式,依照当地传统的方式来展示民间舞蹈艺术,并赋予它历史的和生活的意义。在近代湘潭地区人们的文化生活中,打油鼓作为一种表述方式,生动而深刻地表达了当地人民宗教信仰、思想意识、审美取向以及他们的民俗习惯、价值理念和艺术修养。而如今的打油鼓艺人,正是通过他们所创造的艺术来完成这一段段表述的。

仪式中的打油鼓是湘潭地区独有的民间祭祀舞蹈,它是当地人们自我表征的一种具体体现形式,作为一种仪式的表述符号,它又有不同的形态。学者们认为:"人们通

---

① 《湘潭县志》卷一,107页,铅印本,1912年(清宣统四年)。

过文化表演符号可以展示自我的文化，并以此与他者区分开来。在展演过程中，表演者通过与观者对于符号的反馈实现沟通，把观众的需求作为舞蹈形态变迁的考量因素之一。"①打油鼓一般是以祭祀神灵仪式作为直接的表述对象或创作原型，油鼓中的"禹步"就是这样产生的，这种步伐的特点主要是上下颤动，左右旋舞。"相传这一舞蹈特征的形成，是夏禹治平天下水患后，巫祝尊奉他是天下最能征服精灵古鬼的'圣人'。禹因治水奔劳得了足病，走起路来一拐一拐的，于是巫祝们在来舞降神时，圣人的灵魂便会附在自己身上，这样便可借圣人的法力去征服精灵鬼怪，因此，'禹步'逐渐成为巫舞的特征。②"湘潭地区打油鼓为民祈福以及用烧"油火"的方法驱除所谓精灵鬼怪的事家，常见以三人为主，前后二人扛着油鼓癫狂，一人击鼓嘴里不停地念咒"摧路摧上，坡路坡上，击鼓请众神，驱魔在路上"。打油鼓的表述形式来源于人们宗教祭祀活动的事实，但打油鼓毕竟是一种仪式形式，而非真正的仪式科仪，因而虽然表述了"现实生活"，但是这种"现实生活"往往是被加工过的、艺术化的"现实生活"，或者说它就是关于"现实生活"的宗教故事。

打油鼓的基本动作来源于民俗生活与宗教祭祀仪式程式，节拍多为二拍或四拍，舞蹈者双手持木棒于腹前，骑"马桩"步，敲击鼓面，节奏明快。

表2 打油鼓"洗脸""斛棒""梳头""开弓"等舞蹈的基本动作

| 舞种 | 节拍 | 动作描述 |
| --- | --- | --- |
| 洗脸 | 第一拍 | 身体前俯，同时双手击鼓一下。 |
| | 第二拍 | 前半拍两臂屈肘于胸前，将两棒相碰一下。后半拍，撤左脚成"步"半蹲，左手击鼓一下，右手"夹托棒"，屈肘于脸左侧，手心向里，呈弧形划至脸右侧。 |
| | 第三拍 | 动作同第一拍。 |
| | 第四拍 | 前半拍动作同第二拍，后半拍做对称动作。 |
| 斛棒 | 第一拍 | 身体前俯，同时双手击鼓一下。 |
| | 第二拍 | 前半拍两臂屈肘于胸前，将两棒相碰一下。后半拍，撤左脚成"步"半蹲，左手击鼓一下，同时右手在身前将棒上抛，棒在空中向里转一圈后接住。 |
| | 第三拍 | 动作同第一拍。 |
| | 第四拍 | 前半拍动作同第二拍前半拍，后半拍与第二拍后半拍动作对称。 |

---

① 邹宇灵：《作为文化表征的仪式艺术与文化再生产——以两个场域中的湘西苗族绺巾舞蹈为例》，载《民族艺术》，2016（6），87页。
② 中国民族民间舞蹈集成编辑部：《中国民族民间舞蹈集成·湖南卷》，187页，北京，中国舞蹈出版社，1981。

续表

| 舞种 | 节拍 | 动作描述 |
| --- | --- | --- |
| 梳头 | 第一拍 | 动作同"洗脸"动作。 |
| | 第二拍 | 前半拍动作同"洗脸"动作。后半拍,步伐及左手动作同"洗脸"动作,同时右手握住棒的中间,屈肘横于肩的左侧,从左耳旁经过头顶划至脑后,做梳头状。 |
| | 第三拍 | 动作同"洗脸"动作。 |
| | 第四拍 | 前半拍动作同第二拍前半拍,后半拍做对称动作。 |
| 开弓(一) | 第一拍 | 动作同"梳头"动作。 |
| | 第二拍 | 前半拍动作同"梳头"动作。后半拍步伐,左手动作同"梳头"动作,同时右手直握棒的中间,由肩左前拉至肩右前,做开弓状。 |
| | 第三拍 | 动作同"梳头"动作。 |
| | 第四拍 | 前半拍动作同"梳头"动作,后半拍做对称动作。 |
| 开弓(二) | 第一拍 | 动作同"开弓"动作一。 |
| | 第二拍 | 前半拍动作同"开弓"动作一。后半拍步伐、左手动作同"开弓"动作一,同时右手横握棒的中间,由腹前抬到头顶,做开弓状。 |
| | 第三拍 | 动作同"开弓"动作一。 |
| | 第四拍 | 前半拍动作同"开弓"动作一,后半拍做对称动作。 |

打油鼓中人们所表述的舞蹈语境同历史上宗教祭祀仪式程式和民俗生活方式基本上没有太大偏差。可以说,湘潭地区人们打油鼓是民俗生活在艺术中的反映,它是数千年来民众生活的真实写照。笔者推断,在蒙昧时期及文字尚未普及时期,像打油鼓一样的民俗宗教舞蹈承担起了历史记忆的任务,承载了一个族群的宗教理念、文化表述和审美情趣。

传统的打油鼓舞蹈有以下三种表演形式。

第一种表演形式是在迎神会上表演,其主要是在庙宇祭祀等盛大场景下进行的。表演时每个油鼓配舞者八人,以鼓为核心,分内外三层,踏"禹步"绕鼓起舞。一般内层为击鼓者三人,赤脚,穿玄色对襟衫,袒胸露腹,系三角形豹纹花裙,每挝一槌,随鼓"嗨"地吆喝一声,鼓挥动槌,从左向右绕鼓旋舞。另外掌旗者三人,赤脚,穿黄色衫裤,各执青、赤、黑、白四色织物镶成的长方形小旗一面,旗杆长达丈余,上饰羽状形纹;舞蹈时,随鼓声将旗举起交叉上搠,同时,"嗨"地附和吆喝,旋舞方向与击舞人相背。外层舞者两人,赤脚,一饰"雷公",一饰"电母",雷公背上饰有翅膀,手执鉴、锤,电母手执圆镜,相向从左向右旋舞。此外,另有副手一名,手执火炬,紧随"雷公"身后,不时向火炬喷油或撒硫黄硝,火焰腾空而起,以象征霄火,民间俗称"油火"。

第二种表演形式是祭祀祝祭舞。这种舞蹈主要是收瘟摄毒,以三人为主,前后两人扛着油鼓癫狂,一人击鼓嘴里不停地念诸如"摧路摧上,坡路坡上,击鼓请众神,驱魔在路上"等咒语。

第三种表演形式是赛龙舟时打油鼓,主要是为了鼓舞斗志。表演时,人们在赛龙舟岸上架起一二十面油鼓,敲打祝祭,与龙舟上的大鼓遥相呼应。

油鼓表演者手持木棒(鼓槌),掌心向下,骑马桩步,抬头挺胸,动作矫健。节奏如下图:

```
口读谱:      咚   ——  | 咚.不   咚咚 | 昌   0  ‖
油 鼓:     XXXX  XXXX   X.X    X X   X   0  ‖
大 锣:       0     0     0     0    X ——  ‖
```

**图 2  打油鼓基本节奏**

打油鼓的表述语境归根结底是由他们所表演的舞蹈性质和功能所决定的。这种民间艺术即是一种供人们娱乐的艺术,同时也是一种社会民俗资源,又是一种特定的宗教祭祀仪式语言。在打油鼓的传承过程中,巫师与艺人不仅仅是表演者和传承者,也是创作者,因为打油鼓的表述语境不仅仅是表演内容的表达,也还需要通过演绎来传递某种宗教民俗与社会信息。许多学者对艺术行为的表述语境进行了阐释,他们认为"广义上的'语境',与民族音乐学的'背景'相似,它指一种音乐样式所赖以生存的自然地理环境以及历史、社会、文化背景而言;这里所指'语境',是指说唱表演时即时、即地的民俗文化氛围,如场景、制度等。也就是说,它是表演得以完成的时空及文化情景"①。从打油鼓动作具体表述中可以看到,人们的祭祀仪式程式与打油鼓舞蹈动作展示语境下的大相径庭。打油鼓具有宗教祭祀功能,每一个动作,甚至每一个节拍都对应着祭祀仪式的功能,所有的打油鼓舞蹈中,"禹步"步法都是一致的,在共同的宗教语境下,意味着其象征的情景及打油鼓在此场域中的功能属性。这一事象非常符合美国人类学家鲍曼提出的"特定民俗情景下的互动主体"的论断。鲍曼认为:"我所说的表演,是一种沟通的模型,一种说话的方式,和一种讲述人对听众的责任感的假设的本质,他为此而展现个人的沟通技能,通过各种沟通的信息提高自己的威望;而他的这些行为的含义,无疑都高于和大于故事文本的意义。"②显然,打油鼓首先是

---

① 博特乐图:《胡尔奇:科尔沁地方传统中的说唱艺人及其音乐》,279 页,上海,上海音乐学院出版社,2007。

② 董晓萍:《田野民俗志》,71 页,北京,北京师范大学出版社,2003。

一种特定的行为主体，作为一种表演艺术，它既承载着地方民俗艺术形式，同时也承载了地方宗教文化，可以说是一种情景化的人际交流。其次，打油鼓的表述语境同时也是地方民俗文化信息的传达和传播行为。因为语境不仅仅演绎内容的传达，同时也通过打油鼓的演述过程，附带传达民俗文化符号及社会信息。

打油鼓反映了古代湘潭地区先民发明创造的实际情况，从舞蹈表述的语境上看，像油鼓一样，人类最初创造社会生产生活领域的用具都是运用主观上的聪明智慧，细心观察自然现象而受到启发的结果。古代巫师每逢举行大型祭祀仪式，都以鼓乐为神器，庄严肃穆，仪式中表演的巫舞就是社会文化发展的真实写照，是几千年来古老文化的积淀。从打油鼓表演的过程可以看出，打油鼓的表述语境记载了巫教的泛灵信仰，湘潭打油鼓内容涉猎到了许多古代神话，出现"雷公""电母"等神灵形象，这是我们祖先对大自然发生的奇异现象无法以科学知识加以解释，而相信世上万物皆有灵性而祭祀之。于是打油鼓中就出现了对雷、电等神灵的崇拜，甚至河水岩石都成为祭拜的对象。通过演绎，打油鼓艺人与观众进行了交际互动，在交际的过程中展示出表演者的角色权威。

## 三、打油鼓在民间祭祀中的视觉传达

打油鼓是湘潭及湘中地区最具代表性的一种民间宗教艺术，由于所处的特定人文环境和地域环境，加之战争与自然灾害的影响，湘潭地区盛行巫教，人们信巫崇鬼的习俗可以追溯到人类的远古时期。历史上楚地巫风文化盛行，唐宋以后在封建王朝"王化"政策的作用下，中原文化大量融入，由此导致了巫傩文化与中原大传统文化（道、儒、佛）的相互交融，湘潭因受"王化"文化影响较少，是一种具有鲜明的祖源特色、地域特色的原始民间宗教文化。湘潭打油鼓源于古代巫风，不仅只是对当地巫风传承情况进行调查研究与考证，而更重要的是从打油鼓的舞姿舞具和装饰等方面，探究它与古代巫风的"血缘"关系。资料显示，湘潭打油鼓，自明清以来就有两人对击的，尽管与传统的打法有些相异，但始终未失"交鼓"传统。湘潭的打油鼓，不仅以鼓为道具，且以鼓为核心，联系其舞姿，鼓在舞蹈中占有重要地位。这一现象绝非偶然巧合，恰正好进一步证实打油鼓与古代巫舞是一脉相承的。打油鼓有非常丰富的艺术表现力，湘潭的打油鼓舞蹈粗犷，鼓声节奏明快，铿锵有力，给人以威武猛烈之感。

打油鼓前，表演者需将诸多三角旗系在长约5米的竹杠上，三角旗旗长一尺二寸左右，宽约一尺四寸，用青、蓝、黄色布制成，其边呈锯齿状。道具还有斧錾及宝镜，它们只是象征性的道具,无特殊要求。

油鼓最早就是人们装油的器皿,后来发展成为人们祭祀神灵的一种道具。油鼓一般用木制成,制作时需选用优质的杨木或者桐木,杨木、椿木是做鼓的最好材料。木工首先用笔绘出油鼓的图形,斗形,上小下大,高约二尺,上端用牛皮蒙鼓面,直径约4.5寸。下端用方木制成Ⅱ字形底架,将鼓身捆紧,祭祀的鼓身与鼓面分别刻画有斧、盾及形状图等花纹。油鼓没有严格的尺寸、规格,只要便于打击即可。演奏时,需要鼓棒敲击,鼓棒一般为木质,长一尺,直径约一寸。演奏者穿的服饰没有严格的要求,根据实际情况而定,有时穿便服,有时穿戏曲服装,甚至上身赤裸或仅穿一件汗衫。只是在扮演"雷公""电母"的时候,需要穿特制的服饰,而且需要稍加修饰或化妆。

对于击鼓舞者的服饰及鼓身和鼓面所刻画的斧和盾及形状图,均是"巫官文化"的遗留。表演打油鼓,击鼓舞者袒胸露腹,与鼓身上刻画的斧和盾连贯起来,形成一幅"刑天干赋舞"的画卷。打油鼓出现的"雷公""电母"则是对祭祀神灵的宣扬。

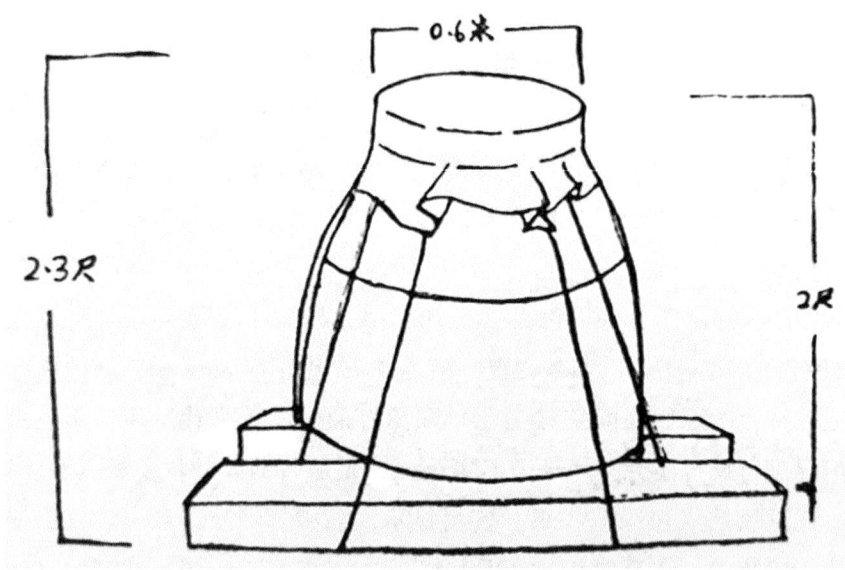

图3 油鼓制作尺寸图(钱继明提供)

2015年农历五月二十八日早上8点,笔者和湘潭市油鼓民俗艺术研究中心负责人钱继明从九华开发区赶到岳塘区东坪镇,专门去万福寺考察打油鼓。赶到时打油鼓仪式还未开始,主持人正在布置神案。湘潭东坪镇的万福寺是一座清代嘉庆年间修建的庙宇,至今保存完好。2013年,东坪镇居民自发筹资重建了万福寺主殿,使之成为周边居民表达传统宗教信仰的一个公共空间，只要有祭祀仪式和民间集会，都在这里举行。经过石板路，走进万福寺大堂，祭坛就设在神位的中央，待祭祀仪式开始及表演打油鼓时，在庙宇中堂搭台演出，或择一阔地表演油鼓舞蹈。东坪镇万福寺的前坪比较宽敞，两边均为空地，大堂为单进的三间堂，砖木结构，坐东朝西；寺庙内有四根圆柱，神案与香案设在正堂两根圆柱之间，案台宽约四米，高约一米五，分高、中、低三祭坛，油鼓由朱漆饰面，勾大红色底。在万福寺大堂上，正面竖有太上老君和观音娘娘神像，两旁分别竖立五岳诸神、五方将军、钟馗、盘王、二郎神、雷震子等神像及诸多小鬼，另设狮子头一对、龙首一对。

举行祭祀仪式前，主持人与艺人们必须先将寺庙里的神像打扫干净，在寺庙大堂顶部的横梁上，张挂着剪纸吊飞和纸旗，四根柱子上张贴着楹联，祭祀神灵像分别设在神案两旁。必要时需把神像抬下神案，用鸡毛刷或干抹布除去灰尘，然后再将神像披红挂彩。主持人在神案前点上两盏长明灯和一对红蜡烛，案台上摆着用于供奉的猪头、猪肉、杂粮、水果及五供等。大堂的两边插上用青、蓝、黄色布制成的三角旗。还需准备一些斧錾和宝镜，它们只是象征性的道具，祭祀时没有具体的用途。更重要的是，人们会把一些事先准备好的油桶拿出来，放在祭祀场所的两旁。

游行时，人们用火铳、流星开道。此时鞭炮声、火炮声冲天，人群沸腾，一支浩浩荡荡的游行队伍踩着高跷、舞着狮子，敲锣打鼓，合着乐队，缓缓地在镇子上穿街走巷。主持人走在游行队伍的前面，有的用黄布缠绕额头，有的戴着罗皮帽，在游行人群的簇拥下，抖擞地走着"七星步"。游行队伍中有前后两人抬着油鼓，不断摇晃，在一群艺人的簇拥下，一人打着油鼓，而且不停地大声念着："摧路摧上，坡路坡上，击鼓请众神，驱魔在路上"等祭祀咒语。游行队伍绕回到万福寺前坪场，艺人们将一些蒙上牛皮的油桶抬出，分别排列在神案的两旁，一边八面鼓，十六人各持一面。主持人（巫师）首先吆喝一声"起鼓"。此时，十六面鼓一起敲响。主持人转身，面朝神像，在神案前取下令牌，口中念道："金木水火土，一二三四五，奉玉皇嘞令，擂下一通鼓。"然后巫师点燃"油火"，将桶内桐油烧起，以此来驱除鬼怪。在祭祀的重要环节，巫师少不了念咒、画符。符咒巫术，是打油鼓祭祀必不可少的内容。

打油鼓符咒五花八门，名目繁多，主要有咒、符、诀、讳，手诀有"按""勾""伸""屈""拧""旋""翻"等。手诀内容有天兵天将诀、祖先神灵诀、奇珍异兽诀、生产生活诀、战争武器诀等。这种手诀是巫师表达情感的手语，同时又是油鼓舞蹈的基本动作。

一通鼓后，巫师在神案前为历代祖谱灵位烧香，并向祖师神像作揖参拜后，口念"请师诀"，唱道：

令牌呀响呀，鬼神呀惊呀；
家坐昭山呀易家湾吆咪。
五神殿内呀一个金呀鸡叫咪，
老君像前呀拜一个呀哈嚯嘿，
王母殿内呀仔燕燕鸡呀，啊啊呵嘿。
早呀不早来一个呀迟，迟不迟呀，
再不开坛请祖神，等呀几哟啊时，
早不早来一个呀迟，迟不迟呀，
再不开坛发呀，等呀几哟啊何时。

吟诵念完"请师诀"后，开始洒神水，巫师口念咒语道：

正月雷神动惊至，二月惊至动雷神；
三月雷公狠狠打，四月雨水落纷纷；
五月龙船乘下水，测看河水真不真。

在无数次繁琐的祭祀仪式程式中，巫师要对不同神灵念诵不同的经文，还要配置不同的符像，用油鼓打击出不同的节奏曲目。像这种打油鼓祭祀繁者多达二十余堂科目，而且遵循着"设案—开坛—闭坛"即内容上的"请神—祈神—送神"这一模式，与之相应的仪式规程、祭品符条、巫术行为等，都有自己的独特法则和讲究。在整个祭祀过程中，时间节点、场域空间、神灵类别、咒语符箓、鼓乐演绎、经文吟唱等各个环节，构成了人们视觉表象的重要媒介。巫师表演打油鼓，是通过油鼓声响来营造一种肃穆的氛围，目的是把观众吸引到自己的演绎当中，其期望的境界则是要把油鼓与祭祀融为一体，以达到最好的演绎效果。一般在打油鼓祭祀仪式的最后，巫师还要率领众艺人敲着油鼓走遍大街小巷，称为"清宅"，目的是清除一切瘟疫、病痛和邪恶。

## 四、打油鼓场域的扩散

打油鼓作为一种民间艺术形式，是民间宗教艺术文化中最具代表性的舞蹈类型，也是南方汉族民间舞蹈的典型代表，不仅在湖南湘潭地区，乃至整个湘中地区都备受推崇。打油鼓宗教性质浓郁，旧时主要于农历五月二十八日祭祀城隍菩萨时，在"出案"前"巡案"后举行。千百年来，人们选用油鼓作为道具并不是偶然的，而是人们在生产生活实践中长期使用的各种物品或一些宗教仪式、农祭活动中等使用的物品。在休闲之余，随手拈来用以舞之，再经过历史的衍化成为现今人们在各种民间舞蹈时专用的舞蹈道具。

寺庙是打油鼓活动设定的神圣空间，同时也依附于群众的神灵信仰而建立，但其民间信仰中的场域类型、空间层次、空间方位等均有所差异。就打油鼓而言，艺人既是表演者同时又是创作者，由于表演场域的作用，艺人成为同一个行为主体。在一定的场域中，打油鼓一般由巫师和艺人表演，与其他鼓乐不同的是，打油鼓表演不需其他乐器帮忙，但在表演形式上还是有"请神""迎神""娱神""送神"等主要环节。从城隍庙内设神案供奉的神灵来看，位于神台正中的是太上老君。另外，他们还将当地传说中的祖先、英雄等作为地方土俗神，排列在主神的左右，礼加膜拜。从打油鼓祭祀的发展历史来看，据说，"打油鼓"原本就叫"油鼓祭祀"，是湘中地区对氏族祖先的追祀，通过"打油鼓"举行繁杂的祭祀仪式，表演一些反映远古社会生活的及其原始的歌乐鼓舞。后来，简化了仪式，只保留在城隍庙敬祖、老君庙会、赛龙舟以及祭孔等一些活动之中。

打油鼓的表演场域，也就是打油鼓祭祀活动得以完成的民俗场景，包含了打油鼓活动的人员构成、祭祀仪式的场面、油鼓等道具布局、程式规则习惯、制度等。请巫师来举行祭祀仪式，巫师对一个村子和地方来说是一件很大的事情，只要听到消息后，全村及该镇上的人从方圆几十里地外特地赶来参加活动。一般镇上或村里的庙宇是人们祭祀的神圣空间，这里的人们普遍信奉道教、佛教并杂糅一些其他民间信仰，在法事中，一巫师打着油鼓舞蹈，另一巫师持着贡香祭祀。祭祀神案前摆着诸如米、肉、水果等各种贡品，以取悦于神灵。按照当地的传统习俗，打油鼓活动前需请本地一些德高望重的名仕参加，他们围坐在场地的周围，观众的数量根据场地的大小而定。20世纪50年代以后，虽然打油鼓祭祀仪式空间场域主要限定在寺庙，但寺庙所在村寨里的不同坪场空间，以及道路、田埂、围坝等公共空间也形成一个共同的活动场所，具有互动的场域关联性。由于历史的演进，人们在赛龙舟等活动中也运用了油鼓舞蹈，使其场域和功能属性发生了变化。

一直以来，打油鼓活动是具有强烈的祭祀仪式功能的，因为油鼓舞蹈的每一组动作都对应着祭祀仪式的程式和功能。"巡按"油鼓祭祀派第六代传人钱继明告诉笔者，湘潭雨湖区、岳塘区、昭山易家湾及湘乡等地的打油鼓，其方法、动作都是一致的，祭祀的神灵与常规的程式也是相同的。只有在赛龙舟或节日庆典中，打油鼓不具备实际意义，油鼓仅仅作为一种娱乐道具，在表演中，动作结构及弧度的变化，意味着其象征的情景及油鼓在此场域中的功能、意义发生了改变。在一些隆重的节日、节庆活动中，"打油鼓"的功能意义与其在祭祀仪式中的意义完全不同，就算是同一祭祀仪式，同一物品并不是只有一个意义，而是涵盖了诸多意义的本质。钱继明于2016年编导了《潭州油鼓》，获得了湖南省"欢乐潇湘"主体创作活动二等奖。据钱继明介绍，他最初的想法是要达到展示湘潭民俗文化的目的，至于后来加入了油鼓的元素，是因为把代表当地宗教祭祀仪式的舞蹈植入民俗生活展示过程中，可以使油鼓舞蹈在展示过程中满足人们的视觉要求，还能在隆隆的鼓声中增加观众的听觉感受。笔者认为，由于民间舞蹈功能发生了变化，同时自己也慢慢地变异着自身原有的诸多特点，逐渐地向表演性与自娱性方向发展。由于场域的变更，打油鼓舞蹈则是以自娱性民间舞蹈为基础，经过整理与加工、提炼，使其更具表演性、可观性和艺术性。在原始民间舞蹈中，那种传统祭祀仪式上使用的功能性民间舞蹈，正随着社会的发展逐渐失去原有的属性，向着表演性和娱乐性演进。

## 五、结语

打油鼓不仅是一部精彩的宗教祭祀舞蹈，一种艺术化的风俗，蕴含着丰富的历史内容与宗教价值，同时还承载了大量的文化信息。打油鼓的意义是由表演、语境、主体、场域及舞蹈本身的形态特征共同决定的，而且它在这些因素之间的相互影响中生成，并表现为特定的审美指向。打油鼓虽然带有浓郁的宗教色彩，但是从表现形式和表现内容来看，却远远超出了祈神的宗教祭祀与巫术行为，而是一幅完整的民众现实生活与宗教信仰相互融合的画卷。笔者认为，丰富的民俗活动与民俗信仰，恰恰是打油鼓舞蹈得以生存和发展的土壤，油鼓是界定这种宗教艺术的首要特征，它与一般鼓舞的区别在于它是神灵的象征和载体。它一方面是传统的延续形式，另一方面是传统向现代风格的融入，它是文化传统、族群记忆、地方性知识等得以积淀、传承、重构的脉络。

# 架设在田野中的话筒架

——针对侗族大歌声学测量田野调查的"田野调查"

张应华[*]

## 一、引言

  田野作业（field work）是人类学、民族音乐学研究中最为重要的一个方法论概念，原本是指人类学者、民族音乐学者等对研究对象进行实地调查的一个工作环节。在以马林诺夫斯基为代表的"功能学派"经典人类学田野调查方法确立之后，这种以实证研究为特征的工作方法迅速流传开来，其中所提出的"居住式"研究、"追踪式"研究、"主位与客位""观察与体验"等一些方法论观念至今仍是后学们忠实践行的基本原则，并随着交叉研究的兴起，逐渐成为社会科学领域乃至自然科学领域的重要研究方法之一。"依照马氏的观点，科学的民族志必须做到搜集资料的主体与理论研究的主体的合一。人类学家去土著村落里生活，用一套有效的科学规则把资料员与研究者的身份完美地合而为一，与询问相比，参与其生活进行观察在获得信息的深度与广度上是非常不同的。"[①] 同样，以博厄斯为代表的北美人类学派认为"人类学的研究单位是一个部落的文化，并须着眼于其对于物质环境、四周文化以及文化各方面的许多错综复杂的心理连结等方面的关系"[②]。可见，这里追求的均是信息的深度（文化的历史传统）、广度（文化的共时语境）以及相互关系（文化的有机结构）。换句话说，就是信息发生的原本状貌、信息内涵的本来面目以及信息来源的可靠性。

---

  [*] 张应华，湖南第一师范学院教授，博士，主要研究方向为民族音乐学、音乐教育学、少数民族音乐研究。

  [①] 高丙中：《〈写文化〉与民族志发展的三个时代（代译序）》，参见 [美] 詹姆斯·克利福德、[美] 乔治·E. 马库斯：《写文化——民族志的诗学与政治学》，高丙中、吴晓黎、李霞等译，10~11页，北京，商务印书馆，2008。

  [②] 林惠祥：《文化人类学》，41页，北京，商务印书馆，1991。

20世纪60年代之后，随着学术研究的进一步深入，人们开始反思人类学家的田野报告，对人类学家所提供的信息的可靠性提出了质疑："民族志通过与其他体裁的对立来确立自身的合法地位，做法如此过火以致遮蔽了这一事实：它本身的话语方式通常源于这些别类的体裁，虽然偶尔还有人将民族志视为一种中立的、无修辞话语的典范，认为它对异文化现实的描述是'精确地按其本原'而未经我们自身价值观和诠释模式的过滤，不过，这种错误的路径基本上已不再被遵循。"[①] 人类学学者之间有关田野作业的"田野官司"并不在少数，美国人类学家乔治·E. 马库斯就为我们列举了四个著名的个案，其中包括著名的"米德与弗里曼之争"。[②] 但是，在笔者看来，反思人类学的锋芒并不是要取消田野，取消对信息本源状态的诉求，尤其是对"信息源"本来的表演状态的诉求，相反，他们争论的，或者口诛笔伐的恰恰是人类学家对待田野的不真实的报告，即由于人类学家"知识前结构"的影响，及其在田野工作中调查方法的失误而形成的不真实的报告。即使是解释人类学追求的文本，也是建立在研究者对所见、所闻、所感受的"信息源"表演现场的基础之上的，而这种表演的现场、过程、内涵及其行为方式，应该是调查对象的"主体发言"，依照文化传播学的观念，其"信源把关人"即为文化事象的表演者。本文正是在这一基础上，以追踪、参与、共谋、"离开"的方法论观点，对侗族大歌声学测量田野调查小组的整个工作过程进行了个案观察和思考。

## 二、问题缘起

本文重点关注的是一次侗族大歌声学测量的田野调查，其目的是通过声学测量，探寻侗族大歌"音声"的声学基础，即侗族大歌的物理性"底座"。何以才能实现这一研究目的？除了声学测量所必需的优质器材、科学的采录方式和分析方式以外，如何才能采录到真实、有效的音源，是至关重要的。依照音乐人类学的观念，音乐是文化中的音乐，不同的文化语境决定了音乐的表演行为及其民间歌手不同的主体性表达。相对于侗族大歌的声学测量而言，真实有效的音源只能来自侗族民间主体的表演。如何才能采录到侗族的主体表演，这是田野工作必须注意的问题。

日本人类学学者中根千枝认为，田野工作的意义在于它是"文化人类学研究的基

---

[①] [美]詹姆斯·克利福德、[美]乔治·E. 马库斯：《写文化——民族志的诗学与政治学》，高丙中、吴晓黎、李霞等译，56页，北京，商务印书馆，2008。

[②] 张丽梅、胡鸿保：《米德·弗里曼·萨摩亚——兼论人类学田野调查与民族志写作》，载《北方民族大学学报·哲学社会科学版》，2009（2）。

础……要使田野工作卓有成效，调查者必须接受严格的文化人类学方法论的训练"①。而这里所说的"严格的方法论"则来自于马林诺夫斯基的"科学民族志"的田野方法。有学者提出，尽管"摩尔根、博厄斯、里弗斯等人已经开创了学者亲自投入田野工作的传统，但他们的方法都不成熟"②。成熟或科学的方法来自于马林诺夫斯基的"规训"。马林诺夫斯基的科学田野法是一个复杂的体系，而其核心之一便是田野事项的真实记录。正如他提出的："民族志田野工作的首要基本理想就是刻画出社会组成明晰的轮廓，将一切文化现象的规则、法则与不切题的现象区别开来。首先得确立部落生活的坚实骨架。这个理想的第一个基本任务，就是提出文化现象的完整概观，而不是单单挑出煽情的、非凡的部分或更等而下之的可笑的、古怪的现象。"③

民族音乐学学者伍国栋同样强调田野工作的真实记录。他认为，音乐志调查类型的性质是"客观描述和记述"，故而其所涉范围内的音乐事象内容需要体现综合性、客观性和全面性，"努力做到资料收集的全面性，保持所获音乐资料的'原生性'和'本来'面貌，应当说就是音乐志实地调查类型所具有的基本特征"④。在这里，所谓的"田野工作的真实记录"，直接指向音乐文化事象的综合性、客观性和全面性，表达了田野调查中所涉及的民间音乐文化传统的本源性诉求和表演行为方式的本源性诉求。

解释人类学"倾向于把注意力从强调行为和社会结构的'社会的自然科学'转移到强调意义符号象征和语言以及转移到承认人类学的核心是把社会生活当成'意义的协商'的认识上来"⑤，即所谓的"解释"和"深描"的人类学。有学者认为："格尔兹所倡导的文化'深描'方法类似于文学的细节描写式的显微研究法，它使人类学书写由客观描述转变为主观阐释，人类学的文学转向开始在理论上被提出，并催生了'写文化'。"⑥ 但是，解释人类学的"写文化"与文学家的文学虚构之间的区别到底在哪？张连海对此进行了反思。他认为，解释人类学是术语类型模糊时期的人类学。他从对萨义德的"被书写的东方"的忧虑中认为，解释人类学潜藏着三个方面的危机："一是人类学是否有能力捕捉真实的客观实在，是否可以通过文本反映真实的客观实在？这是一种表述危机；二是人类学是否可以忽视研究背后的权力支配关系和意识形

---

① [日] 中根千枝：《田野工作的意义》，麻国庆译，载《思想战线》，2001（1）。
② 谢燕清：《马林诺夫斯基与现代人类学工作方法》，载《民俗研究》，2001（1）。
③ 谢燕清：《马林诺夫斯基与现代人类学工作方法》，载《民俗研究》，2001（1）。
④ 伍国栋：《民族音乐学的田野本性——〈民族音乐学概论〉教学与自学辅导之五》，载《南京艺术学院学报·音乐与表演》，2019（1）。
⑤ [美] 马尔库斯等：《作为文化批评的人类学——一个人文学科的实验时代》，王铭铭等译，47~48页，北京，生活·读书·新知三联书店，1998。
⑥ 王倩：《人类学的文学转向——民族志书写的另一种思考》，载《世界民族》，2011（5）。

态问题？这是一种伦理危机；三是在没有绝对标准的后现代时代，人类学如何面对诸如'效度''信度'等概念？这是一个合法性危机。"① 在这里，人类学"表述危机"的警示，指出人类学的田野工作应是一个"被调查文化事象"的真实记录过程；人类学的伦理危机，即表示人类学的田野调查应该尊重民间文化的主体性发言，并将之放在一个平等的心理平台上；人类学的合法性危机，即表示人类学的研究应重视文化事象的传统概念、形态和行为，并以此作为文本书写的出发点与归属点。

实际上，解释人类学的"解释"是"解释的解释"，即基于文化持有者"解释"的"解释"，只有本地人才能做到第一等级的解释。换言之，文化持有者的主体性解释和表达是一切解释的基础，"这种解释科学以民族志的描述为基础，通过深入他者文化之中的深描（Thick Description），即特定化、情境化和具体化的文化描述以及对其中深层意义的解释"②。在哲学上，解释人类学与现象学解释学的观念一脉相承，现象学解释学家伽达默尔认为，文化是主体间性，文化研究是一个"视界融合"③的翻译和理解过程。在这一过程中，研究者与被研究者均是具有合法性的主体存在，这就要求人类学的田野调查既要承认研究者的"知识前结构"，更要依从民间文化事象的主体发言来作为人类学民族志文本写作的出发点和归宿点，这即是本文采用"自我反思"的方法，针对侗族大歌声学测量田野调查的"田野调查"的问题意识。

## 三、田野纪实

2010年春季，中国音乐学院开设了"音乐声学"选修课。依照教学计划，这门课程主要研究音乐音响的"底座"——音乐音响的声学物理基础。授课老师韩宝强教授既强调音乐声学的科学原理，又不断告诫大家要充分地认识到音乐声学的"人性化"色彩。他在书中写道："听觉感受是声音存在的主体，振波是声音存在的客观条件，二者缺一都不能产生'声音'。"④ 并在此基础上强调：正是由于听觉感受是声音的主体，因此，音乐声学研究应注重音乐表演的本源性特征，即在进行音源采集时，要还原它的文化本源、音响本源和表演行为方式的本源，强调在本源的文化环境中搜集音源，

---

① 张连海：《从现代人类学到后现代人类学：演进、转向与对垒》，载《民族研究》，2013（6）。
② 李静：《深描的文化及其阐释——格尔兹文化研究方法论评析》，载《青海师范大学学报·哲学社会科学版》，2007（5）。
③ 吴启文：《试评伽达默尔的"视界融合"》，载《南京社会科学》，1991（4）。
④ 韩宝强：《音的历程——现代音乐声学导论》，6页，北京，中国文联出版社，2003。

进行实证研究。鉴于此，韩教授决定成立田野调查小组，深入侗族民间，以侗族民间演绎的侗族大歌音响音源的现场测量与采录为个案，进行实践教学。这里我们看到，这次侗族大歌声学测量的最终目的是探寻该乐种的物理性"底座"，为此，研究者则需要拥有本源性的音源，而本源性音源的获得需要调查者走进侗乡侗寨，走进本源性的生态环境、历史文化以及表演行为之中。

笔者加入了这一调查小组（小组成员名单和分工情况见表1）的实地调查，并以联系人的身份负责调查小组与调查对象之间的联系工作。由于这样一种工作身份，使得笔者游走于调查人与"当地人"之间，有时甚至像局外人一样，从调查团队中"游离"出来，从旁静静地观察整个事件的延展过程。但是，作为调查团队的一分子，笔者又必须参与调查小组的具体工作，与其他组员一道，共同拟订调查计划，选择调查地点，查阅文献资料，参与实地调查并负责具体工作。这样一来，笔者便与整个团队形成了一种既"融入"又"游离"的角色关系，为笔者把这一"调查小组"作为观察对象进行"田野观察"提供了便利。从某种角度来看，这是一次"自我民族志"的书写。以下是笔者对该"调查小组"工作过程进行个案观察的田野纪实。

表1 侗族大歌调查小组成员名单

| 姓名 | 性别 | 身份 | 所在单位 | 专业 | 负责的工作 |
| --- | --- | --- | --- | --- | --- |
| 韩宝强 | 男 | 教师 | 中央音乐学院 | 音乐声学 | 总负责 |
| 巴图尔 | 男 | 博士研究生 | 中国音乐学院 | 民族音乐学 | 摄像 |
| 周特古斯 | 男 | 博士研究生 | 中国音乐学院 | 民族音乐学 | 摄像 |
| 王欣 | 女 | 博士研究生 | 中国音乐学院 | 音乐心理学 | 场记、访谈 |
| 张应华 | 男 | 博士研究生 | 中国音乐学院 | 音乐教育学 | 外联、访谈 |
| 傅晓东 | 男 | 博士研究生 | 中央音乐学院 | 音乐声学 | 录音 |
| 张寅 | 男 | 博士研究生 | 中央音乐学院 | 音乐声学 | 录音 |
| 邓波 | 男 | 硕士研究生 | 中国音乐学院 | 作曲基础理论 | 录音 |
| 王明辉 | 男 | 硕士研究生 | 中国音乐学院 | 竹笛演奏与研究 | 摄影 |
| 王小乐 | 女 | 硕士研究生 | 中国音乐学院 | 音乐心理学 | 场记、访谈 |
| 刘慧敏 | 女 | 硕士研究生 | 中国音乐学院 | 音乐心理学 | 场记、访谈 |
| 朱嘉欣 | 男 | 本科 | 中国音乐学院 | 音乐学 | 录音 |
| 韩若藻 | 女 | 本科 | 中国人民大学 | 社会学 | 访谈 |

"侗族大歌声学测量实地调查"分为两个阶段，第一个阶段从2010年4月14日至5月20日，为前期准备阶段；第二个阶段从2010年5月23日至5月26日，为实地采录阶段。

（一）前期准备阶段

正式将侗族大歌作为测音对象的当天（2010年4月14日），我们便提出了以下几个问题：（1）侗族大歌的分布空间结构是怎样的？当下侗族地区的文化生态有什么变化？生活状况有些什么特点？对侗族大歌的演唱有何影响？（2）应该选择怎样的环境下演唱的侗族大歌作为测音对象？或者采用怎样的方式录音，才能保证音源出自本源性的环境和本源性的文化？（3）前人有关侗族大歌的研究成果能为我们提供怎样的研究基础？（4）应该配备怎样的设备才能保证有效的录音？有哪些功能要求？怎样使用这些设备？很显然，这是一种标准的民族音乐学田野调查的设问，又是一种类似于早期比较音乐学柏林学派"音体系测量"的试验诉求。

针对以上问题，调查小组展开了较为广泛的文献研究，主要包括以下三个方面的文献：（1）有关侗族历史、社会文化方面的《侗族简史》《贵州古代民族关系史（侗族部分）》《黎平县志》《榕江县志》《从江县志》等文献；（2）有关侗族大歌专题研究方面的《侗族大歌在中国多声部民歌中的独特地位》《撷芳千里侗乡、研读五十春秋》《侗族大歌·序言》《从侗寨鼓楼坐唱管窥侗族大歌的历史渊源》《侗族大歌复调形成与发展探微》《侗族歌唱习俗与多声部民歌》《侗族民间合唱的多声部音乐手法》《侗族民歌的调式与多声部研究》《侗族大歌复调研究》《侗族多声部民歌和声体系化的设想》《传统与超越——侗族大歌音乐心理研究》《南侗"歌师"述论》等论文；（3）音乐声学理论的相关论著《音的历程——现代音乐声学导论》《我国近代音乐声学研究概览》《空间音乐声学研究：把音乐放在首位》《谁来关注中国民族音乐的底层问题》《中国民族唱法音色的声学阐释——以女声为例》《音乐声学双音协和原理探究》《声学与歌唱共鸣》《试论"掩蔽效应"原理在配器中的运用》《关于言语、音乐、生理、心理声学分科定义的一些讨论》等。我们试图通过上述三方面的文献准备来了解侗族大歌所依存的生态、历史文化语境，了解前人有关侗族大歌音乐本体特征研究的成果和积淀，了解音乐声学测量的相关理论与方法，并在此基础上组织了三次专题讨论。

第一次讨论（2010年4月28日）：专题讨论了侗族大歌的空间分布情况、当下侗族地区的社会环境和生活状况的变迁及其对侗族大歌可能产生的影响，等等。经过讨论，调查小组认为，侗族大歌有着久远的历史、特定的生态语境以及特定的民间社会组织及其制度和行为，① 由于民俗文化旅游、民族文化开发等"政府在场"的干预，侗族大歌的生态环境和文化传统在不同地区均遭到不同程度的破坏。因此，要想采录到较为原生的侗族大歌的音源，就必须进入侗族大歌的中心区。通过文献的比较分析，调查小组将调查作业点选定在贵州省黔东南苗族侗族自治州黎平县岩洞镇。

第二次讨论（2010年5月5日）：在分析和梳理前人的研究成果的基础之上，专题讨论了侗族大歌的历史、分类、传承、形态特点以及演唱时的场合、站位、声部的分合等一些情况，目的在于为实地采录工作的具体操作列出计划，包括应采录哪些歌队的音源、话筒的摆放位置等具体细节。经过讨论，调查小组决定在鼓楼里采录民间中老年女歌队和青年女歌队演唱的一些"嘎窘"（叙事大歌）② 音源，在有关民族历史文化的"音声"表达中探寻侗族大歌的形态特征；在风雨桥上现场采录民间青年女歌队所演唱的"嘎所"（声音大歌）③ 的音源，寻找侗族大歌在山水之间"发言"行为特点；同时还决定采录岩洞中学和贵州大学艺术学院学生歌队的音源，储存侗族大歌在不同环境中传承的音响资料，以便日后研究所用。针对侗族大歌的声部特点，决定以"分轨同期录音"的方式进行采录，其中一轨采录整体音响，一轨采录齐唱声部（低声部），一轨采录领唱声部（高声部）。

第三次讨论（2010年5月12日）：听取了韩宝强老师、中央音乐学院音乐声学博士张寅同学有关录音设备的型号、性能、功能以及使用方法等方面的介绍，并现场进行了模拟操作。

（二）实地采录阶段

5月23日晚8点左右，调查小组进入黎平县城，并与报道人WSW（黎平县政府秘书），WYL（黎平县文联主席，从事音乐创作），WJZ（黎平县艺术团演员，侗族大歌的专业歌手），PZX（黎平县岩洞中学校长）会面，根据事先安排和报道人对侗族大歌

---

① 普虹认为，从历史文献记载来看，侗族大歌约产生于元末明初，到明末清初已经定型。侗族大歌只流行于侗语南部方言地区第二土语区以及与这些地区相毗邻的地区或村寨，这一地区环境封闭，外来文化难以渗入，这为侗族文化的发展创造了极为有利的条件，为侗族大歌的孕育、发展和流行提供了良好的外部环境。[参见普虹：《侗族大歌——民族的瑰宝》，载《贵州大学学报·艺术版》，2003（2）。] 张中笑认为："侗族民间有一个颇具权威性的社会组织——'款'。它既是一个抵御外侮的军事联盟性质的组织，也是一个维护社会利益，维系社会平衡和谐的调解机构。这一切'社会存在'决定了侗家人崇尚和谐、崇尚安定团结的意识形态，形成了崇尚和谐美的审美心理。"[参见张中笑：《真·善·和谐——论侗族大歌之美》，载《中国音乐学》，1997（1）（增刊）。]

② 张勇：《侗族民歌的分类与侗族大歌的籍贯》，载《贵州民族研究》，1984（1）。

③ 张中笑：《侗族大歌研究五十年（上）》，载《贵州大学学报·艺术版》，2003（2）。

的了解程度，决定由 WYL、WJZ 作为主要报道人，担任现场工作的翻译、解释工作，由 WSW、PZX 负责歌队的联系、组织工作。5 月 24 上午 11 点左右，调查小组到达录音现场岩洞镇，经过近 1 个多小时的设备调试和对不同歌队的了解、交谈之后，于下午 2 点左右首先对岩洞中学的学生歌队的演唱进行现场采录。

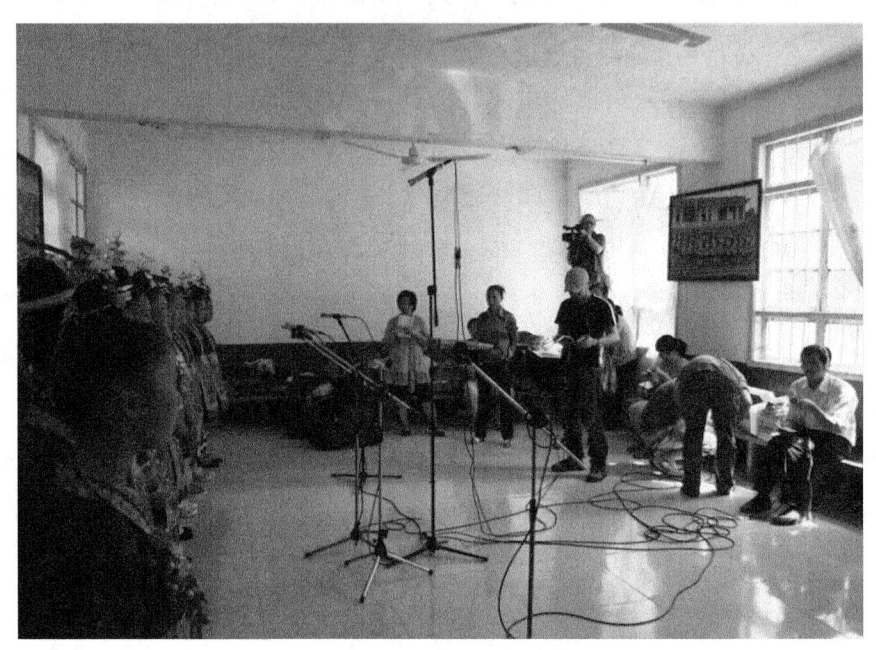

**图 1　岩洞中学学生歌队采录现场**

岩洞中学是 20 世纪 90 年代初将侗族大歌引进学校的，2009 年成为贵州省 23 个民族文化进课堂的项目学校，并在全省层面举行了"贵州省民族文化进课堂"的现场会，作为民族文化进课堂的示范学校引起了省内音乐教育界的普遍关注。该校除在课堂上教授侗族大歌外，还组织了一个 20 多人的课外兴趣小组，由出生在本地（小时参与民间歌队演唱）、后进入艺术院校学习过的 LCH（毕业于贵阳幼师）、WGM（毕业于凯里师专音乐系）两位老师执教。该兴趣小组的部分成员曾参加过全国比赛并获奖，出访过韩国、日本等国家，因此，面对调查组架起的话筒，她们并不感到陌生，在老师的指导下，努力用最美的声音，合作唱出最动听的歌曲（录音之前，两位老师对歌队进行了学院专业声音训练式的发声练习、节奏练习），可见，"声音美"和"声部协调"是她们追求的目标，这与调查小组采录的预想是较为一致的。

当晚 7 点左右，调查小组进入岩洞镇岩洞村最大的一个鼓楼，把话筒架设在了鼓楼的火塘周围，目的是要在鼓楼里采录下侗族民间中老年女歌队和青年女歌队原汁原味的大歌音源。由于时下正是农忙季节，并非民间侗族大歌演唱的最佳时节（这是我们事先没有预计到的），因此，在报道人的协调下，不少女歌手还是放下山坡地头手里的"活计"，很快聚集到了鼓楼。据介绍，这是第一次在鼓楼里架设话筒架，面对长长的导线、精密的录音仪器、高高的话筒架和调查小组成员认真调试仪器的工作状态，那些中年女歌手和当地村民均显得较为兴奋，围着我们问这问那。他们感觉到这是有别于以往任何一次的鼓楼歌唱，绝不是平日里的"摆古"①，也不是唱给蹲在角落里静静聆听她们歌唱的另一些调查者。在报道人的组织下，她们开始严肃起来，面对着高高的话筒架，唱了起来。

图 2　鼓楼面对话筒歌唱的中老年歌队

中年女歌队的演唱采录结束后，我们又接着采录青年女歌队的演唱。这一歌队在当地很有名气，其中有 5 人参加过中央电视台举办的青歌赛。因此，面对话筒，她们显得较为自如。在报道人 WYL 的安排下，她们为我们演唱了几首拿手的声音大歌（嘎所），报道人 WYL 说，这是大歌中声音最美的部分，看来他在试图解读我们此行的意图，尽管我们之间没有就此展开深入讨论，作为当地作曲家身份的他，将我们此行的目的界定在他"观念"里。由于分析需要，在我们的要求下，领唱者（民间称"赛嘎"）还配合我们单独演唱了领唱声部（民间称"所赛"）的起始部分，据介绍，这是在民间演唱中从未有过的，这对我们的分析真正有效吗？

---

① 摆古：叙事大歌"嘎窘"演唱的内容，讲述侗族迁徙历史和乡规民约的一种大歌。

图 3　LCH 在单独演唱 "所赛"

第二天（5月25日）上午，前一天晚上在鼓楼里为我们表演过的青年女歌队再一次面对我们的话筒，在岩洞中学旁边的风雨桥上站成一排，重新演唱了在鼓楼里演唱过的几首歌曲。当歌声伴着桥下的流水声和微微山风飘进我们的耳鼓时，我们仿佛感受到了人与自然、歌与山水的交响。据当地人介绍，风雨桥上并不常唱大歌，只是节日里有外寨青年到本寨做客时，才在风雨桥上对歌或赛歌，届时，两个寨子的歌队往往分坐在风雨桥上两边的长凳上，你一首，我一首，既要表示友好，又要比个高低。此时，面对话筒，那些歌手们除了友好地配合我们的工作以外，是否还有比个输赢的冲动呢？

图 4　风雨桥上的采录现场

5月26日中午，调查小组来到了贵州大学艺术学院，对该校侗歌演唱专业学生所演唱的几首大歌进行录音。

**图5　贵州大学艺术学院采录现场**

这一专业自开办以来，就引起了较大的反响，就读于本专业的学生虽然是来自于侗族村寨的土生土长的侗家孩子，但是进入大学后，她们往往组成演出队活跃在省内外甚至国内外的文艺舞台上。在校学习期间，尽管她们的主要专业是侗歌演唱，但是她们所学习的其他专业基础课和史论课仍然是以欧洲音乐理论为主、中国民族音乐为辅的课程模式，在这样一种教学模式下，她们的演唱是否会发生变异呢？这是调查小组对她们所演唱的曲目进行采录的初衷。

## 四、话筒架下的对话：寻找真实与田野回应

民族音乐学的研究总是在追问"什么是音乐"的问题。依照民族音乐学的观点，音乐始终是文化中的音乐，从来就没有离开具体文化环境的音乐存在，因此，梅里亚姆将民族音乐学的研究界定在"文化中的音乐研究"和"作为文化的音乐研究"的观点，[①] 其真义即在于此。也就是说，音乐的研究实际上离不开其所依托的文化语境。即

---

① 洛秦：《二十一世纪中国音乐研究走向何方？——"中国音乐研究在新世纪的定位"国际学术研讨会综述》，载《音乐艺术》，2001（1）。

使是民族音乐学中"音乐学派"①代表人物胡德也有同样的看法:"民族音乐学领域的主题是音乐。但是与这个主题基本上不同而又互相依存的不妨包括一些有关这些学科的研究,如历史、人种学、民族学、文学……"②正是在这样一种学科理念的规约下,我们对侗族大歌的声学测量没有选择各种唱片公司发行的,或者是网络媒体、电台、电视台现有的音源,而是要跋山涉水,走进其文化的本源性环境中去寻找它的本源性的声音,即寻找所谓的文化的本源和"发言环境"的本源。

另外,作为声学测量,我们必须以严谨的科学态度对待,对于设备的选择、录音的方式以及录音现场的布置、话筒相位、摆放位置等均要按照声学科学的原理严格地控制和设计,否则,我们就会由于录音方法的非科学性而无法得到本源有效的音源,直接影响数据的真实性和报告的真实性。基于对以上两种真实性的追求与关怀,我们走进侗乡,走进鼓楼,走进校园,来到侗乡的风雨桥上。

首先,我们试图在鼓楼里寻找侗族历史文化的因子。根据有关研究我们了解到,侗寨歌班演唱的大歌曲目最能代表传统文化特征的,当属以族性为单位而沿袭下来的一种"唱款"性质的叙事大歌,依据其题材内容,这种大歌被称为"嘎窘",因其常常在鼓楼里演唱,又有人称之为"鼓楼大歌"。有学者研究表明,"叙事大歌属大歌类型中一种带浓厚叙事性的合唱歌曲,内容多为早期神话、故事传说、历史、英雄之类,爱情叙事长诗也占很大的部分,大都包含着教育青年的意义"③。故此,我们首先决定在鼓楼里采录一组"嘎窘",试图寻找在侗族大歌中的具有民族历史文化特征的"鲜活"音响。但是,在我们的话筒面前,那些中年女歌队的歌手们仿佛并非在歌唱或"讲述"历史传说,而是在与我们的话筒"对话"。话筒的进入实际上改变了侗族大歌的本源性表演现场,改变了歌队与观众交融的观演方式,同时也将改变歌队对于曲目内容的表达和音声音响的表达,依照罗兰·巴特的语言符号学的观念,由于"语用"(意指)环境的变化,即改变了侗族大歌表达的"语义"(所指),甚至是"语音"(能指)。④

作为一种多声部音乐,赵德义曾经对侗族大歌声部组合的生成进行了恰切的表述:

---

① 杨民康:《论中国音乐民族志书写风格的当代转型及思维特征》,载《音乐研究》,2009(6)。
② [美]胡德:《民族音乐学家》,转引自杨民康:《音乐民族志的方法导论——以中国传统音乐为实例》,17页,北京,中央音乐学院出版社,2008。
③ 马名振:《侗族大歌:一个民族吟出的古老音乐之谜》,载《中国民族》,1996(7)。
④ 屠友祥:《罗兰·巴特与索绪尔:文化意指分析基本模式的形成》,载《西北师大学报·社会科学版》,2005(4)。

"在以歌声为媒介的社交活动中,一个'罗汉队'便成了一个自然的歌队,'罗汉头'成了当然的'歌头'。演唱时先由'歌头'领唱一句,然后大家一起唱。那些嗓子好而且有即兴创作才能的'歌头',常常'跳出'齐唱的旋律线,添加一些生动活泼的花腔、高音,这就无意中推动了侗歌由原声部向多声部的发展。""各种不同的声部分岔现象不可能,是某一歌头事先创造然后付诸实践的,它必然是一代又一代人通过演唱实践逐步摸索出来的。不同的分岔,使用的数量有多有少,产生的时间也必定有先有后。"① 这即是说,侗族大歌的多声部生成是长期演唱实践的结果,而不是如同现代西方合唱曲由作曲家创作而成的,它有着悠久的历史,是长期磨合的结果,演唱时,往往凭着听觉相互协调,来处理声部与声部之间的和谐和平衡。然而,在本次的音源采录中,我们为了音响测量的需要,将领唱声部单独录音,这样的处理方式实际上是肢解了侗族大歌的"语音"本质,其获得的音源其实是"非本源性的"。

我们还试图在风雨桥上寻找侗族大歌在山水之间自然环境中的本源,也试图在校园里寻找受到学校教育模式浸染的侗族大歌的本源,但是,当我们将话筒架设在田野的时候,面对话筒架,我们的调查对象却做出了自己的判断和回应。中年女歌队是第一次面对话筒,据现场观察,她们仿佛没有真正进入所演唱的歌曲的情景之中,显得有些拘谨,时不时地观察在话筒旁边忙碌的我们。而青年女歌队和学生歌队(岩洞中学、贵州大学)一样,面对话筒,她们仿佛又回到了曾经让她们光彩过、荣耀过的舞台,用曾经被"专家们"雕琢、规训过的身段、姿态、声音填充我们的数据空间。

我们还遭遇到了另一种困境,这种困境来自于报道人与调查小组之间的相互解读。在我们看来,报道人 WYL 先生是地地道道的侗族民间音乐家,又曾参与过侗族大歌的申遗工作并获得成功,作为有经验的民间音乐文化的申遗工作者,应该知道民间音乐文化的本源性意味着什么,因此,当我们在去岩洞的车上(5月24日早上)再一次向他说明我们的来意时,听到他说"放心吧,你们需要什么我知道"的时候,我们便彻底放心了。但是,接下来的操作使我们多少有些失望,他不断地要求歌手要如何面对话筒,要如何运用声音,要给我们多唱几首"嘎所"(声音大歌),等等。显然,他误读了我们,或者是他在用"我们"的标准解读我们,因为我们的表演、比赛、教学等一切活动和行为,无不告诉了全天下所有人,我们需要的是美的声音,除此之外,便再也没有任何需求了。

或许,是我们误解他了,因为在现代化的网络普及的今天,难道岩洞不是如此吗?

---

① 赵德义:《分层·分岔说——论侗歌多声部的产生与发展》,载《贵州大学学报·艺术版》,2003(2)。

在文化全球化语境中以及国家在场的各种民族文化的操作模式中,难道不是以"我们"的观念和模型来影响地方性知识吗?或许WYL向我们反映了当下的实情:当今的侗乡不再需要大歌来讲述历史,而是要让大歌走出深山,走向世界。果真如此的话,我们便不得不佩服郭于华先生的见解:"(当下)统治意识形态与地方性知识的边界不再清晰,正式权力对传统的本土资源的利用,是在使用属于人类共通的、持久的象征方式,无论这种利用是自觉的还是不很自觉的。"①

## 五、结语

这是对本人参与的一次田野调查的"自我反思"。在对整个田野调查过程和操持行为过程的回顾中,我们不断对"我"(ego)进行拷问。现象学解释学家伽达默尔曾经对主体性、主体间性进行了精辟的阐释,依照他的认识论观念,认识主体对对象客体所采取的单向度的、强制性的主体性霸权是不合时宜的,但是片面强调认识对象(客体)的主体性发言,完全遮蔽、放空和悬置认识主体的主体合法性也是不合时宜的,科学研究是认识主体和对象主体共在现场的主体性对话,是两者"视界融合"②的理解的结果。但是,作为对话的田野调查,其根本的前提是,民间社会是否拥有主体发言的机会,其主体发言是否受到应有的尊重,得到充分的表达,甚至是其主体发言是否在本文化语境(context)中发言,表达的是否为文化传统意义上的"文本"(text)或者是基于民间主体文化直觉的创新和变迁的"文本"(text),否则,田野调查和文本写作都将陷入表述危机、伦理危机,甚至是学科的合法性危机之中。

本次田野调查的目标在于获取侗族大歌声学测量的本源性音源。在进入田野之前,调查组预先设想的表演文本既考虑到了拥有深厚文化传统的"嘎窘"(叙事大歌,由中年女性歌队表演),也考虑到了表现侗族大歌音色美、自然美的"嘎所"(声音大歌,由青年女性歌队表演),同时还考虑到了文化变迁语境中现代学校教育传承中所演唱的大歌,可谓非常恰切地表达了侗族大歌的历史传统和当下所面临的文化变迁,以及民族音乐学所诉求的学理关怀。但是,当我们进入田野之后,我们仍在具体的行为策略中出现了失误,具体可以表述为以下三个方面:(1)在采录技术处理方面,我们完全按照现代声学策略的标准进行,忽视了现代技术设备进入现场之后对于表演现场的干

---

① 郭于华:《仪式——社会生活及其变迁的文化人类学视角》,见郭于华:《仪式与社会文化》,5页,北京,社会科学文献出版社,2000。
② 吴启文:《试评伽达默尔的"视界融合"》,载《南京社会科学》,1991(4)。

扰与破坏；（2）在采录工作开展之前，没有和歌手们进行必要的情感沟通，以致歌手们在演唱时或表现出不适应，或揣摩我们的意图，试图按照我们的标准去表演、去演绎，某种程度上造成了侗族大歌本源意义及其形态特征的变异；（3）在采录过程中，由于我们的技术要求，如单独录制"所赛"（领唱）声部、随意打断演唱、随意调整歌手们的站位等，实际上肢解了侗族大歌表演行为方式的整体性，尤其是将两个声部分开单独演唱和录制，在某种程度上破坏了侗族大歌在集体性即兴演唱时，歌手们为了声部协和，而临时微调音高和音色的参照声部。无怪乎民族音乐学家伍国栋曾经睿智而又有洞察力地指出，对于田野中的文化事象，"无论大小、多少，都要多侧面、多方位地去搜集，从而确保相关资料的完整性。同时，这种资料搜集工作又必须实事求是地体现'客观性'特征，即调查者对所获资料不能片面地去进行褒贬取舍，更不能凭主观感受和印象去加工、润色和扩充"①。

**参考文献：**

[1] 高丙中．《写文化》与民族志发展的三个时代（代译序）//［美］詹姆斯·克利福德，［美］乔治·E.马库斯．写文化——民族志的诗学与政治学．高丙中，吴晓黎，李霞，等，译．北京：商务印书馆，2008.

[2] 林惠祥．文化人类学．北京：商务印书馆，1991.

[3]［美］詹姆斯·克利福德，［美］乔治·E.马库斯．写文化——民族志的诗学与政治学．高丙中，吴晓黎，李霞，等，译．北京：商务印书馆，2008.

[4] 张丽梅，胡鸿保．米德·弗里曼·萨摩亚——兼论人类学田野调查与民族志写作．北方民族大学学报·哲学社会科学版，2009（2）．

[5]［日］中根千枝．田野工作的意义．麻国庆，译．思想战线，2001（1）．

[6] 谢燕清．马林诺夫斯基与现代人类学工作方法．民俗研究，2001（1）．

[7] 伍国栋．民族音乐学的田野本性——《民族音乐学概论》教学与自学辅导之五．南京艺术学院学报·音乐与表演，2019（1）．

[8]［美］马尔库斯，等．作为文化批评的人类学——一个人文学科的实验时代．王铭铭，等，译．北京：生活·读书·新知三联书店，1998.

[9] 王倩．人类学的文学转向——民族志书写的另一种思考．世界民族，2011（5）．

---

① 伍国栋：《民族音乐学的田野本性——〈民族音乐学概论〉教学与自学辅导之五》，载《南京艺术学院学报·音乐与表演》，2019（1）。

［10］张连海. 从现代人类学到后现代人类学：演进、转向与对垒. 民族研究, 2013（6）.

［11］李静. 深描的文化及其阐释——格尔兹文化研究方法论评析. 青海师范大学学报·哲学社会科学版, 2007（5）.

［12］吴启文. 试评伽达默尔的"视界融合". 南京社会科学, 1991（4）.

［13］韩宝强. 音的历程——现代音乐声学导论. 北京：中国文联出版社, 2003.

［14］普虹. 侗族大歌——民族的瑰宝. 贵州大学学报·艺术版, 2003（2）.

［15］张中笑. 真·善·和谐——论侗族大歌之美. 中国音乐学, 1997（1）（增刊）.

［16］张勇. 侗族民歌的分类与侗族大歌的籍贯. 贵州民族研究, 1984（1）.

［17］张中笑. 侗族大歌研究五十年（上）. 贵州大学学报·艺术版, 2003（2）.

［18］洛秦. 二十一世纪中国音乐研究走向何方？——"中国音乐研究在新世纪的定位"国际学术研讨会综述. 音乐艺术, 2001（1）.

［19］杨民康. 论中国音乐民族志书写风格的当代转型及思维特征. 音乐研究, 2009（6）.

［20］杨民康. 音乐民族志的方法导论——以中国传统音乐为实例. 北京：中央音乐学院出版社, 2008.

［21］马名振. 侗族大歌：一个民族吟出的古老音乐之谜. 中国民族, 1996（7）.

［22］屠友祥. 罗兰·巴特与索绪尔：文化意指分析基本模式的形成. 西北师大学报·社会科学版, 2005（4）.

［23］赵德义. 分层·分岔说——论侗歌多声部的产生与发展. 贵州大学学报·艺术版, 2003（2）.

［24］郭于华. 仪式与社会文化. 北京：社会科学文献出版社, 2000.

社会文化研究

# 朱苦拉咖啡社会文化网络研究*

郭周卿  杨正文**

人类学视角下的历史强调特定区域的族群基础,从而预设了从现在回溯过去的历史特征。法瑞思在《记住将来,期盼过去》一文中"人们总是依据现在的眼光,用过去来塑造现在"的历史观表述,强调情境和询问,强调事情是如何被告知的,而不仅仅考察获得信息的对与错;白德维尔也指出"人类学家运作历史,在于从现在的背景中回溯历史,重点考察具体的社会—文化—政治—经济情境中到底发生了什么"①。朱苦拉咖啡在历史进程中的传播与叙事、收购过程中买卖双方的冲突与博弈、多种社会资源的介入与表达共同构成朱苦拉咖啡社会文化网络,丰富和延伸了朱苦拉咖啡的社会生命。

## 一、朱苦拉咖啡的历史传播与叙事

1904年法国传教士田德能在教堂旁边种下的咖啡苗是朱苦拉咖啡的"老祖宗"。村民经常提起:"我们这边这么多的咖啡树,全是从教堂旁边那一棵发展过来的,现在活着的咖啡树都是它的子孙后代。"在村民的记忆里,1904年田德能神父种下的咖啡树三年后顺利开花结果,之后便向周边自然延伸,村民将这棵咖啡树下长出的咖啡苗移栽到自家房前屋后,之后都是自然发展,并无大规模种植。直到1948年,李福生和天主教神父段国璋一起组织全村农户在教堂周围种植咖啡树,经历了中华人民共和国成

---

* 基金项目:西南民族大学2019年研究生创新型科研项目(项目编号:CX2019BS01)的阶段性成果。
** 郭周卿,西南民族大学民族学在读博士,研究方向为民族民间文化遗产与保护。杨正文,西南民族大学西南民族研究院教授、博士生导师,研究方向为非物质文化遗产、民族学。
① 郑向春:《葡萄的实践——一个滇南坝子的葡萄酒文化缘起与结构再生产》,北京,北京大学出版社,2012。

立、"文化大革命",直到 1981 年云南热作所的马锡晋教授到朱苦拉实地考察时,咖啡林已经发展到 26 亩,其中集体种植 24 亩,剩余为农户零散种植。《宾川县志》记载:"1983 年 12 月 26—27 日,全县大雪,平均积雪厚达 6~15 厘米。"这次大雪,冻死了一多半咖啡树,村民给咖啡树烤火防冻,才留下了剩余的 13 亩咖啡林。2013 年,在政府的鼓励和支持下,免费给村民发放咖啡苗,全村将稻田改种咖啡的事,村民记忆犹新。

朱苦拉村民总是神采奕奕地与外人讲述着有关咖啡的故事,他们认为朱苦拉现在能得到社会各界的关注,离不开曾在这里传教的法国天主教传教士。曾到过朱苦拉的天主教神父有田德能、段国璋、顾斯麦三位,他们平常穿着黑衣服,戴着高帽子,留着长胡子,戴着十字架,与当地人差别甚大。最早来到朱苦拉传教的是田德能(1904—1908 年),也正是他在朱苦拉建立教堂并在教堂边种下第一棵咖啡树;在朱苦拉时间最长(1930—1951 年)的段国璋神父给村民留下的印象最深,他为人和蔼、助人为乐、兴办教育、扶贫助弱,对朱苦拉地方社会的影响较全面;顾斯麦本是段国璋培养的年轻接班人,1950 年到朱苦拉仅半年时间,就因去渔泡江游泳而溺水身亡。1951 年,段国璋神父离开朱苦拉,直到 20 世纪 80 年代之前,朱苦拉的咖啡一直处于自生自灭的状态,但因数量少、价格高,也为村子带来了一定的经济效益。

> 从 1958 年起,虽然受到土地、水利的限制,但还是逐年有所发展的,在解决社员的吃穿用等方面还是收到良好效果的。据李福生同志介绍,咖啡为队上的唯一经济作物,18 亩投产咖啡年平均收入 12000 元左右,1981 年收入达 14500 多元。虽然种植面积仅占总耕地的 13%,而产值却占农业总收入的 60% 左右。每人咖啡收入现金分配达 53 元,既解决了社员的生活费用销量付款,又弥补了粮食的不足(粮食单产低,解决回购粮所需款项)。①

朱苦拉在"文化大革命"时期就被当做典型,还专门成立反帝生产队。教堂里的东西都被砸了,丢到渔泡江边。占地面积为两亩左右的祠母堂,供奉的是怀抱着很多孩子的圣母,也被摧毁,1978 年前后,国家实行计划生育,朱苦拉还被当做试点,记得有一个从北京来的医生,人称"京医生",专门给村民做结扎手术。天主教神父建立的教堂和祠母堂都遭到不同程度的破坏,而天主教神父带来的咖啡能够保留下来,主要是因为咖啡管钱(值钱),大集体生产时期,一公斤大米 1 角钱,一公斤咖啡米 3.05 元,咖啡价格是大米价

---

① 以上材料转引自马锡晋《访"咖啡发祥地"朱苦拉》,1981 年 2 月刊于《热作简报》。

格的30倍,因此咖啡不但没有遭到破坏,还要扩大种植面积,我家房子后面的咖啡树就是80年代种的。其实朱苦拉咖啡很早就名气很大了,每年供销社集体收购咖啡干豆卖到昆明,又按照工分制给农户分,咖啡从来不愁卖的,还管钱。①

早在百年前就因咖啡而与西方世界建立了某种联系,朱苦拉咖啡可谓东西方文化交流的见证,村民在代代相传的地方叙事与生产生活实践中与咖啡建立了深厚的情感联系,咖啡与朱苦拉地方社会逐渐成为不可分割的统一体。

2013年以前,咖啡只作为朱苦拉的经济作物,并不占用种植水稻的水田,由于市场开发和政府项目的推进,2013年政府鼓励朱苦拉村民将稻田改种咖啡,这件事打破了村民自给自足的传统生计模式。此后,村民日常食用的稻米都需要到外面市场上购买,咖啡兼经济作物和农作物于一身。但由于近几年咖啡收购过程中持续出现矛盾与纠纷,故在村民看来,2013年将稻田改种咖啡是一次不成功的尝试。以下口述资料基本能够反映出朱苦拉现有村民对咖啡的基本态度。

> 2013年政府让村民把水田改种咖啡,很多村民是有意见的,但是也没有办法,如果不种咖啡,国家的扶贫政策就享受不到,听说咖啡苗是政府免费给村民提供,还说每年给村民一亩地500元的补贴,村民才慢慢地接受政策,种植咖啡也是为了能够获得更多的收入。以前村子稻田多,种的水稻就够吃了,像我们家地比较多,水稻吃不完还可以卖。现在种了咖啡,咖啡卖不好,村民肯定有意见。我自己也在想,咖啡卖得好的确比水稻强,但是卖不掉就麻烦了,我们家去年(2017年)没卖完还剩着27口袋咖啡干果呢。咖啡不像苞谷,苞谷再多都不怕,鸡猪牛羊等牲口都可以吃,咖啡太多了,猪又不吃,放着都是浪费,看着也烦心。倒不如种香料(香叶天竺葵),一亩地一年可以熬五六次,一次熬一公斤可以卖一两千块,一亩地一年可以搞八九千块,政府鼓励种咖啡的时候,咖啡苗和香料套种,全村种香料,收入还很不错。后来咖啡树长大了,香料就因没有阳光死掉了。这两年咖啡收得不好,村民也不想多用心去管理,甚至很多村民都想砍掉咖啡种香料,但是政府又不让砍掉,进退两难。那些老板说朱苦拉咖啡能卖到鲜果10元一公斤,是全国咖啡

---

① 访谈者:LSR,在渔泡江两岸做了三十多年木匠的朱苦拉村民。访谈时间:2019年1月20日。

鲜果最高价，其他地方的咖啡只能卖到3元左右一公斤，但是我们也知道，朱苦拉咖啡是有百年的历史了，是个品牌，值这个价。其实我们朱苦拉村民比较胆小，也不懂法律，土地是国家的，但是使用权是村民的，村民想砍掉树也是合法的，只是大家不敢罢了。①

百余年间，咖啡以朱苦拉为核心传播至渔泡江两岸的各个村落，形成渔泡江沿岸咖啡种植圈，这其中有天主教神父引种的历史因素、渔泡江两岸有干热河谷地带地理环境的因素、有政府的政策导向因素、有村民在利益驱动下自发种植的现实因素，也有渔泡江两岸社会交往的文化要素。基于政府的政策而种植咖啡的主要是朱苦拉村委会下属罗溪村、和尚田、上味口、下味口、味里、一季田、羊厩房、朱苦拉8个自然村，除和尚田和上味口的海拔比较高没有种植之外，其他6个自然村都种植有咖啡。除此之外，朱苦拉村下面的子腊地自然村也是基于政府政策支持而种植咖啡的，以上几个村子都属于大理宾川。而与朱苦拉隔江相望的杞拉么村委会的拉巴乍、旧哨、卡弟村、杞拉么中村、海子边以及隶属于三岔河的列色地和隶属于铁锁乡的马鞍山中坪等自然村的咖啡种植，则是基于两岸村民社会文化交往和经济利益的驱使，通过社会关系网与婚姻圈的建立带来咖啡的区域传播，以列色地和杞拉么咖啡引种的事为例。

我们家祖上几代人都住在这里，这里叫列色地。说起咖啡，我们家也有百年老咖啡，以前跟他们说，没人相信。据说我父亲的爷爷，我们这里叫老祖，当时为了躲避抓壮丁，逃到了渔泡江对面的朱苦拉天主教堂，和神父一起生活了半年，临别时神父赠送给老祖一尊圣母雕像，老祖从教堂门口的咖啡树上摘了一袋咖啡果，回家晒干后种在自家门前的地里，后来培育出咖啡苗，每年都开花结果。每年到了冬天，满树都是红红的果实，很漂亮。但是这么多年，我们家人都不知道咖啡怎么加工，前几年盖房子还将几棵咖啡树砍掉了，但是这些咖啡树越砍，来年长得越好，最后我们就想着，毕竟是老一辈传下来的，砍了也可惜，当做观赏也好。前几年听说朱苦拉咖啡有名气，有老板来收咖啡，我们也想卖点，但是卖不上好价钱。我曾经在这些老咖啡树旁的地里发展新的咖啡苗，但培育了好几年，都没种成功，后来都死掉了，我也就不再发展了。这两年我们也学着喝咖啡，但是还是喝不来。②

---

① 访谈者：QQS，朱苦拉咖啡种植面积最大的农户。访谈时间：2019年2月4日。
② 访谈者：LJC，列色地农户。访谈时间：2019年2月15日。

杞拉么村委会的卡弟村三个村小组、海子边、杞拉么中村，以及旧哨都有种咖啡，卡弟村还有好几十年的老咖啡树，村子里好多老树因为盖房子而被砍掉，现在还有一些老树结得很好。我老父亲是以前文化站工作的，因为母亲生病，所以辞职回来了。他给周边村子吹唢呐，吹了好几十年，大部分人都认识他。他以前还承包过村子的咖啡来卖，但是村子里只会卖咖啡米，不会加工咖啡，也不会喝咖啡。听说这边最早种咖啡的是1958年从朱苦拉上门到杞拉么的QFL，近几年新种的咖啡我家管理得最好，咖啡苗一部分是从朱苦拉那边拉过来的，也有一部分是我们自家培育的。①

## 二、买卖双方的利益博弈：朱苦拉咖啡的鲜果收购

2008年之前，朱苦拉咖啡并未得到外界关注，可谓"养在深山人未识"。村民将咖啡鲜果采摘之后，用传统方法晾晒、去壳，制成咖啡生豆售卖。由于种植面积小，咖啡豆产量少，并无公司收购朱苦拉咖啡鲜果，直到2008年HG有限公司到朱苦拉实地考察并向社会大力宣传推广。对于HG公司到朱苦拉收购咖啡的事，村民印象深刻。

2013年以前，村子里只有那些古树，咖啡产量并不多，但HG公司来朱苦拉收咖啡很认真。他们先派了个年轻员工专门看守咖啡地并熟悉每家每户的咖啡树，谁家的咖啡熟了，他就通知到户采摘咖啡鲜果，不用挑拣，全部按照10元一公斤的价格来收，我家的古咖啡树最多，有50棵左右，每年不费工夫就能收入四五千元。②

而2013年以后，收购咖啡的公司从HG有限公司转变为BC公司，咖啡种植面积增大，产量增多，村民在对比中产生态度偏好，谁收的好，谁收的不好，高下立断。

说心里话，虽然这几年朱苦拉咖啡种植面积大了，产量也多了，但是咖啡收入并没有提高多少，还生出来很多烦心事。BC公司的老板虽说也按照10元一公斤的价格收购，但是收购标准太严格，村民白天辛辛苦苦摘咖啡，卖

---

① 访谈者：QHL，杞拉么中村农户。访谈时间：2019年2月5日。
② 访谈者：LHX，朱苦拉村民。访谈时间：2019年1月20日。

的时候还要严格按照标准挑拣出不合格的。此外，收购价格还要压低，村民有很多抱怨，但是也无能为力，因为朱苦拉百年咖啡的品牌被 BC 公司注册了，其他公司也不能来收购。①

随着多种社会力量的进入，媒体采访不断，政府持续考察，村民逐渐意识到，朱苦拉咖啡的百年历史就是一个品牌和资本，成为外界投资商人争夺的资源，咖啡价格高也是物有所值，不容置疑。村民并无太长远的发展理念，诸如把朱苦拉咖啡做成全中国品质最好的咖啡这样的目标对村民而言太遥远，只要咖啡能够赚到钱就行。因此，由于价值观念的差异，收购方与农户之间总是在冲突中博弈，在博弈中达成交易，投资商、朱苦拉农户、渔泡江两岸其他种植咖啡的农户等诸多群体绑定在一起，成为"利益共同体"。

笔者在参与观察 BC 公司收购咖啡的过程中发现村民与公司之间产生的分歧从未停止过，但这些问题表面上是利益纠纷，根本上却是价值观念的差异和诉求的不对等。村民的诉求是咖啡能够为村民带来经济效益而不是烦恼和冲突，不是一直拖欠村民的咖啡款项，但 BC 公司却认为村民目光短浅，素质低下；村民认为公司老板不诚信、不公平，于是就不按公司要求采摘咖啡，将三代、二代和一代咖啡果混在一起。将红色鲜果和成熟过度的咖啡果混在一起，由于公司对渔泡江两岸的咖啡收购标准不统一，朱苦拉村委会下属的自然村种植的咖啡按照 10 元标准收购，而渔泡江两岸其他村的咖啡则最高不超过 6 元的价格收购，导致很多村民悄悄将其他村的咖啡低价收购，混入朱苦拉咖啡中统一高价售卖给公司，形成双方对峙的恶性循环。在村民看来，BC 公司咖啡收购的问题主要有：

一是收购时间过紧。每年咖啡可分三次收购，11 月、12 月、次年 2 月，每次采摘收购时间为半个月左右，2018 年首次收购时间是 12 月 26 日，第一批成熟的咖啡已经错过最佳采摘期，至少三分之一的咖啡已经熟透并干在树枝上无法售卖给公司。2017 年由于咖啡采收时间较短，大部分农户还未将咖啡采完，公司就停止收购，造成每家都有剩余咖啡果无法销售。连续两年咖啡收购都不顺利，主要是因为公司对村民不负责任，不守承诺。当年的咖啡款项，承诺村民采收后两个月内付清，但是到第二年 12 月才付款，造成村民对公司的不信任。

二是收购标准过高。村民认为，以前 HG 公司来收购咖啡，不用挑不用捡，态度好，价格高，现在的收购标准太过于严格，大部分村民无法达到公司要求的标准，因

---

① 访谈者：LHX，朱苦拉村民。访谈时间：2019 年 1 月 20 日。

此，造成村民的怨言。村民认为，那些红的发黑的果子和不够红的果子其实已经成熟，为何还要分拣出来，完全是公司为了折磨百姓，把农户当猴耍，再这样收购下去，还不如把咖啡树砍了，种香料也比咖啡赚钱，还没那么麻烦。

三是收购价格过低。村民认为，公司收购标准比上年更加严格，村民将采摘的咖啡果进行分拣，挑去不成熟果和黑果，拿去验收，仍未能达到公司标准。10元/公斤的咖啡果，最后变成6~9元不等，在称重的时候还要压价，一般来说，一口袋50公斤的咖啡果，交易的时候就要扣掉1~2公斤来算，对村民而言，是双重损失。

从BC公司的角度来说，这些问题的产生并非公司的缘故。公司早在2017年就明确规定了朱苦拉咖啡果采收标准：（1）全部红果10元/公斤；（2）每百粒咖啡果中，有五粒以内的青果、黑果、霉果，3元/公斤；（3）每百粒咖啡果中，有超过五粒的青果、黑果、霉果，不予收购。

在公司看来，如果严格按照收购标准，朱苦拉咖啡果都不达标，按照咖啡鲜果的品质，以6~9元/公斤的价格卖给村民，已经是全云南省咖啡鲜果的最高价格了；德宏、临沧、保山等地的咖啡红果收购价格最高不超过3元/公斤，朱苦拉村民不懂科学种植咖啡的方法；不懂咖啡采收标准；缺乏商业化思维模式，不理解公司难处，不信任公司。

公司与农户之间缺乏沟通，公司不了解村民的生活习惯和价值观念。以前村民自己加工咖啡的习惯，就是将咖啡果混在一起晾晒、去壳、烘焙，并无商业化开发观念。分类采摘、科学晾晒、科学管理等观念更无从谈起。倘若古咖啡林中有老树自然死亡，村民自然而然就栽上新树苗，而公司认为村民要保护老树，让老树正常结果，就得移除或砍掉古咖啡林中的小咖啡树，这对村民来说是不能够被理解和接受的。种种因素导致2018—2019年度朱苦拉咖啡鲜果采收过程中，往年的遗留问题全都浮出水面，村民的抵触情绪在所难免。

村民和开发商在利益博弈中追求自身利益的最大化，未来是两败俱伤、鱼死网破还是冰释前嫌、共同合作，取决于双方是否能够换位思考，互相理解。根据现在的情况，村民仍处于弱势地位，并未掌握主动权。

## 三、朱苦拉咖啡的多维叙述

与朱苦拉咖啡相关的各种社会资源组合在一起共同构成朱苦拉咖啡的社会文化网络，渔泡江两岸种植咖啡的农户、各级政府部门工作人员、咖啡领域的专业人士、咖啡爱好者、拍摄纪录片和电视节目的媒体团队、咖啡产业的投资者、研究朱苦拉咖啡的专家学者、其他旅游观光者等多重群体不断重复和表达着有关朱苦拉咖啡的一切，朱苦拉咖啡在这个错综复杂的网络中心，在自我与他者的多重表达中，其话语体系逐渐清晰。

（一）自我拔高

对朱苦拉咖啡进行自我美化的主要有朱苦拉农户的话语表达，只要提到咖啡，言语间先是流露出一种自豪感和认同感，这种自豪感首先来自于朱苦拉咖啡的悠久历史，其次来自于其优秀的品种，再次来自于朱苦拉咖啡的制饮方法和传统，这些构成了朱苦拉农户对咖啡的美化。朱苦拉咖啡在村民眼中也成为一种符号资源，发挥着"超高经济价值"的作用。

> 我们朱苦拉的咖啡是法国人传进来的，有一百多年的历史了，我们的咖啡果和德宏保山那些不一样，我们这边的咖啡米比较小，但是口感好，喝起来舒服、不酸，但是德宏那边的咖啡看着颗粒饱满，其实喝起来没有我们这边的好喝。①

> 我们朱苦拉的咖啡制作方式比较传统，不像城里人那么讲究，但是这是我们的传统，应该传承下去，这几年我都是自己加工咖啡，外面的老板和朋友们都很喜欢，一罐咖啡500克卖80元，价格也不算贵，随时都有人找我订购。②

> 我自己加工咖啡好多年了，好多大姚县的老师、宾川县的领导每次来我这里都会来我家拿咖啡，有的直接在微信上找我订购。我们家的地不多，去年的咖啡都卖完了，我还帮着比较贫困的农户，把他们的咖啡买来，自己加工了又卖，其实外面的朋友还是很喜欢我们朱苦拉咖啡的，只是有些人没听过，知道的都觉得朱苦拉咖啡不错。③

大部分朱苦拉村民对朱苦拉咖啡的认同源于咖啡给村民带来的名与利。但也有村民认为，朱苦拉咖啡其实并没有想象中的好，只是被吹嘘出来的。很多村民并不懂如何科学种植管理咖啡，咖啡卖得好，就好好施肥浇水打顶打岔。但这两年因为收购咖啡的过程中出现的问题导致村民不愿花费更多心思来管理咖啡，所以咖啡的长势一年不如一年，很多村民因国家的扶贫政策和种植核桃、花椒、玉米、养殖家畜等收入可以维持家庭收入，并不把所有的希望都寄托在咖啡上，但是作为一种经济作物和文化

---

① 访谈者：LSH，朱苦拉村民。访谈时间：2019年1月4日。
② 访谈者：LJB，朱苦拉村长。访谈时间：2019年2月8日。
③ 访谈者：ZSL，朱苦拉村民。退休教师，访谈时间：2018年12月26日。

作物进行对外表达的时候，仍然采取自我美化的表达策略，以求扩大其知名度和美誉度，实现其经济效益最大化。

(二) 他者贬低

朱苦拉咖啡近十年的商业化发展，村民获得了国家政策的补贴、政府的重视、商业的开发和经济收入的增长，但是笔者通过田野调查发现，朱苦拉的社会文化圈主要是渔泡江两岸，很多村民与朱苦拉村民有着亲戚关系。以渔泡江隔江相望的杞拉么为例，很多朱苦拉的媳妇是从杞拉么嫁过来的，也有很多上门女婿。以前杞拉么和朱苦拉的经济发展水平相当，都比较贫困，但近几年，得益于咖啡产业的发展，朱苦拉迅速脱贫致富。2013年以来，杞拉么的各个自然村也开始发展咖啡，如今比朱苦拉的咖啡种植的还要好。杞拉么对朱苦拉的情感比较复杂，可谓羡慕嫉妒交织在一起。

朱苦拉能有今天的发展，主要是得益于三个因素。第一个因素是大唐公司建立的大坝，从2005年开始，大唐公司就进入朱苦拉下面的渔泡江开始建立大坝，建立大坝的过程中，给朱苦拉村民创造了很多工作岗位，也因为大唐公司，朱苦拉去往铁锁的路也得以修缮。第二个因素是国家的扶贫政策，现在政府给朱苦拉的各种扶贫补贴政策很多，建档立卡、低保户、还有"6+6"等惠民政策，还给朱苦拉修路、免费发放核桃苗、咖啡苗帮助村民脱贫致富。第三个因素也是最重要的是咖啡，朱苦拉咖啡就是有点历史，要是没有咖啡，现在肯定不如我们。那边的人读书不行，科学文化知识匮乏，不像我们楚雄这边重视孩子读书。但是话说回来，朱苦拉咖啡我是知道的，也去看过，但是那些老树黄得黄，果子又小，你看我们这边的咖啡，老树也有六七十年的历史了，但是没得名气，也就没人关注，其实结的果比朱苦拉的咖啡要好。我家的咖啡可以说是杞拉么这边最好的了，和朱苦拉咖啡的品种是一样的，都属于阿拉比卡种，小粒咖啡。但是朱苦拉那边的颗粒太小，明显是管理不好，营养不良，我们这边人种地种得好，过几年就可以超过朱苦拉了。但是不太公平，老板只收朱苦拉村委会下属的几个自然村的咖啡，我们这边的咖啡以前是不收，我们就以朱苦拉那边亲戚朋友的关系把咖啡拿过去卖。今年公司发现这个问题了，说收这边的咖啡但价格低，最高只卖6元每公斤，同样的气候条件下种出来的，我们的比他们的质量还要好，这个不行。我们铁锁（杞拉么属于楚雄彝族自治州铁锁乡）是中国花椒之乡，朱苦拉是中国咖啡第一村，这几年他们也种花椒，还不是拿到铁锁卖，只看花椒不看是朱苦拉还是铁锁,所以咖啡也应该如此,这样才算互相帮助。这两年我家的咖啡都是以朱苦拉村民的名义卖的,但是现在管的太严了,如果价格低于5块我就不卖给他们了,到时候自己想办法卖。①

(三) 浅层表达

政府部门相关人员、纪录片拍摄团队、电视台节目录制方、咖啡爱好者、旅游爱好者、投资商人等社会外界力量虽然不断进入朱苦拉,借朱苦拉咖啡之"名",实现自身团体的利益诉求,但是这些外界力量对朱苦拉的认识基本停留在浅层了解上,很少有团队长久驻扎在此地深入了解村民的文化理念、行为规则,因此政府的政策推动不一定适合,商业的宣传开发也未必妥当。很多学者专家的进入,为的是寻找灵感、寻找某种消逝的文明,但极少能够真正站在村落文化的视角,站在村民的角度来理解、看待朱苦拉。朱苦拉的发展之路可谓身不由己,非常被动。

(四) 深入描述

人类学的田野调查能够尽量做到深入客观的描述,理解他者的理解,前提就是长期深入田野调查点,与调查对象同吃同住同劳作,理解村民的行为规则和文化观念,唯如此,才能够完成对地方文化的描述和解释。最早在朱苦拉长期驻扎的民族学家就是田德能神父,他作为一名民族语言学家,在朱苦拉居住过四年,并著有《倮倮·云南倮倮泼》一书,详细描述这里的物质文化与精神文化。但是由于年代久远,时代变迁,一百多年前的朱苦拉已经变了模样,等待后人去发现和研究。

陈德新教授曾前往朱苦拉21次,对朱苦拉的咖啡文化有着较为全面的研究,出版图书并发表相关文章数篇。2018年12月25日,年逾70岁高龄的陈德新教授再次前往朱苦拉,尝试做咖啡的产品试验,从古法制作到蜜处理,试图通过试验提升朱苦拉咖啡的品牌质量。

其他各领域的专家学者对朱苦拉咖啡的实地考察研究以及笔者的田野考察也为朱苦拉咖啡文化的传播注入了新的力量。朱苦拉咖啡在多重表达方式与诉求中实现其社会文化网络的构建过程。

---

① 访谈者:QHL,杞拉么村民。访谈时间:2018年12月28日。

## 四、结语

百余年来,朱苦拉咖啡的社会生命得以形成并以朱苦拉为核心逐渐延伸至渔泡江两岸,从咖啡以朱苦拉为中心在渔泡江两岸繁衍生息的历史脉络中可窥见渔泡江两岸的社会文化网络图景。近年来,各种外来力量的进入,使得与朱苦拉咖啡有关的"群体"不断强调朱苦拉咖啡的文化意义与社会价值,有关咖啡的历史叙事成为渔泡江两岸咖啡种植的文化动力,当下的政府关注与商业开发成为咖啡种植的现实考量。对朱苦拉咖啡社会文化网络的研究,能够窥见作为兼农作物、经济作物、文化作物于一身的咖啡,与当地社会发生联系的过程。咖啡作为一面镜子,照见了地方社会的面貌,也为带动民族地区经济发展、乡村振兴推攻助力。

**参考文献:**

[1] 张进,王垚. 物的社会生命与物质文化研究方法论. 浙江工商大学学报,2017(3).

[2] 舒瑜. 物的生命传记——读《物的社会生命:文化视野中的商品》. 社会学研究,2007(6).

[3] 陈德新. 云南景颇弄贤咖啡早期引种史考——中国咖啡早期引种考证系列文章(Ⅰ). 热带农业科学,2010(3).

[4] 郑向春. 葡萄的实践——一个滇南坝子的葡萄酒文化缘起与结构再生产. 北京:北京大学出版社,2012.

[5] 杜修琪. 有关"咖啡神父"的记忆碎片. 今日民族,2018(1).

[6] 黄蜀云. 从朱苦拉开始. 滇池,2010(12).

[7] 陈德新. 宾川朱苦拉咖啡早期引种史考——中国咖啡早期引种考证系列文章(Ⅱ). 热带农业科学,2010(4).

[8] 中共平川镇委员会平川镇人民政府. 古镇平川. 云南省大理白族自治州新闻出版局,2005.

[9] 陈德新. 朱苦拉咖啡之旅. 昆明:云南人民出版社,2017.

[10] 吴兴帜. 延伸的平行线——滇越铁路与边民社会. 北京:北京大学出版社,2012.

[11] 肖坤冰. 茶叶的流动——闽北山区的物质、空间与历史叙事(1644—1949). 北京:北京大学出版社,2012.

# 政策研究

# 文化人类学思维怎样直面湘西龙山的精准扶贫工作

## ——基于农车镇哪咱等九村的实地调查

廖君湘

### 一、问题缘起与文献综述

主导式扶贫、区域开发式扶贫的实施和投入，为逐年降低农村贫困人口打下了良好基础。《中国农村扶贫开发纲要（2011—2020 年）》颁布，划分出 14 个集中连片特困地区；2013 年出台"精准扶贫"政策，标志着农村扶贫政策体系更加完善，工作思路更加统一。2017 年 2 月国家统计局发布《2016 年国民经济和社会发展统计公报》，称："按照每人每年 2300 元（2010 年不变价）的农村贫困标准计算，2016 年我国农村贫困人口为 4335 万人，比上年减少 1240 万人"，表明扶贫形势依然严峻，贫困地区特别是集中连片特殊困难地区的贫困人口规模庞大，返贫问题突出，脱贫攻坚的难度正逐步增大。为完成"2020 年农村贫困人口实现脱贫"的任务，脱贫攻坚进入最为关键阶段，精准扶贫已经成为各级政府特别是贫困地区政府工作的重中之重，也需要社会的广泛参与。

精准扶贫是将扶贫工作标靶由区域转向农户，针对不同贫困环境、不同贫困户状况，运用科学的方法、有效的工作程序，对特定贫困对象实施精确识别、精确帮扶、精确管理的贫困治理方式。近年来围绕"精准扶贫"，学术界多学科发力深入探究。关于"精准扶贫"概念表述，核心观点都指向扶贫政策和措施要针对真正的贫困家庭和人口，以精细管理、持续再生和综合协同的理念为指导，运用分类、统筹和协调的方法，对扶贫对象实施精准识别、精准施策、精准扶持和精准管理的综合治理贫困的新模式。何仁伟、丁琳琳的文章，归纳、综述了学者们在精准扶贫背景下研究我国农村贫困机制的主要成果，在资源环境因素、社会经济因素、内生发展动力三大归因前提下，从资源禀赋构成、公共服务设施水平、自主发展意识与能力等维度，具体阐述区域贫困的形成机制和个体贫困形成的主要原因。周晶晶、朱力认为，扶贫已逐渐演变成全社会共同参与社会资源整合、利益分配、社会机构治理与重塑的一项全民行动。要彻底实现对当前基层扶贫治理结构的优化，需要扫除诸多体制性障碍，构建各方力量协同参与的多元化扶贫治理格局；关于精准扶贫运行逻辑的研究，主要从政策运行层面来解析，既从精准扶贫的实际执行效果出发，阐述精准扶贫的难点、对策与路径选择，也从扶贫政策的缺陷出发，论述精准扶贫机制实施的实践困境；关于精准扶贫绩的效评估，主要集中在扶贫绩效评估和扶贫瞄准评估两个层面，大致围绕制度设计、实施、可持续性、效率性等方面，对扶贫绩效进行指标设计。

总体而言，现有文献针对精准扶贫的研究，大多·"客位"思维基点立足，过于强调贫困产生的自然环境因素以及经济发展不平衡的国情现实，聚焦于政策制定、资金功能、执行效果以及行政绩效的分析与对策；测评环节主要依靠量化后的数据指标或物质形式。而对贫困形成、脱贫治理背后的历史、文化因素与贫困耦合问题的关注及思考，有待深入的空间比较广阔。

由外及内的运动式扶贫或"客位"扶贫，在一定范围或阶段，自有其合理性与积极效果。但进入精准扶贫攻坚阶段，实现从根本上消除导致贫困的各种因素和障碍，达到可持续脱贫的目标，还需要在总结既有扶贫实践的成功经验基础上，优化当前基层扶贫思维结构，突破扶贫工作单一思维束缚，调动贫困群体"主位"思维的积极性；增强贫困地区乡土文化参与力量的信心，适度增加贫困主体的扶贫权利；基层政府在扶贫工作过程中，目标甄别、任务分解、力量动员、方案实施、效果评估等各个环节，引导贫困区地方文化力量在脱贫攻坚中充分发挥作用，整合扶贫场域的一切物资、文化、精神资源，构建社会多方力量共同参与的多元化扶贫治理格局。

为全面检验各地脱贫攻坚突出问题，集中掌握整改工作成效，建立健全全省脱贫攻坚工作档案，具体落实湖南省委、省政府对高校参与扶贫工作的指示，省扶贫办和教育厅具体部署了2017年湖南省高校大学生暑期"情牵脱贫攻坚"主题实践活动。有缘如此，笔者受湖南科技大学委派，带队一行9人于2017年7月11日至30日，在龙山县农车镇哪咱、尧场、汝池社区、农车、正河、高坪、富坪、艾溪、舍龙9个贫困村，开展"情牵脱贫攻坚"实践活动。

本文是在湘西龙山县首车镇9个贫困行政村的扶贫工作实地调查基础上，较系统地考察了当地精准扶贫战略实施中存在的部分具体问题，从文化人类学的维度直面龙山精准扶贫的成绩与不足，以期为我国贫困问题的理论研究及当前精准扶贫和未来反贫困战略的实施，提供些微学理性参考。

## 二、从贫困文化视角直面龙山农村贫困之主因

精准扶贫意味着宏观结合微观的方法,多向度研究区域贫困和个体贫困的形成机制,有助于兼顾贫困个体扶贫需求与贫困区域发展的耦合创新,做到因地制宜、因势利导、因人因户因需施策,最终实现贫困个体家庭精准脱贫。

同一的国家政策体制下,区域贫困的形成机制,主要受社会经济发展因素、地理环境资源的影响和制约。中西部民族地区由于经济发展步伐缓慢,当地财政收支紧张,公共投资不足,城镇化水平低,地方经济产业吸纳就业人口的能力较弱,农户生计脆弱,农村的贫困程度较高,此其一也;经济落后,往往伴随道路交通、通信、能源、农田水利等生产、生活性基础设施,以及教育、医疗、农业科技等社会性基础设施(或服务)的数量和质量都紧缺,导致生活和生产成本太高,生活质量和生产效率低下,因而农村贫困人口自我发展能力趋于弱小,生活和增收困难,陷入贫困的可能性增加。

区位条件优劣、地质灾害、地貌、气候、生态等自然地理环境因素,对民族地区农村贫困化有多样性的影响,存在复杂性的作用机制。地形高程、破碎度、山地的平均坡度与区域贫困化有显著的正相关关系。地形复杂、起伏度大导致自然灾害多发和基础设施建设困难等问题。随着海拔与坡度的增加,区域交通可达性减弱,人口密度与经济承载力急剧衰减,经济活动难度和成本剧增。贫困的发生与环境资源禀赋状况及开发利用的难度直接相关,水土资源约束着区域人口的承载能力和经济发展潜力,耕地自然质量指数的低值区多集中在贫困地区。

龙山县辖区总面积3131平方公里,占湘西土家族苗族自治州总面积的20.2%。辖21个乡镇(街道)、397个村(社区),总人口61万人。龙山是土家族的发祥地之一,原始古朴的土家族传统文化保存比较完整,民族风情浓郁厚重。土家族、苗族等16个少数民族人口占全县总人口的81%。

龙山处在云贵高原北东侧与鄂西山地西南端结合部,武陵山脉由北东和南西斜贯全境,地势北高南低。以山地为主,兼有丘陵、冈地、平原及水面等地貌类型,属强侵(溶)蚀山区,境内溪谷交错,坡陡谷深,山体破碎,耕地分散。亚热带季风湿润气候,四季分明,年降雨量1400毫米。自然土壤与耕作土壤原生质量较高,适宜多种植物生长。但是与省内同纬度其他地区相比,县域光热总量偏少;降水时空分配不均;气候类型多样,立体特征明显;气象灾害较多。

2011年年底,龙山、来凤经济协作示范区列入《武陵山片区区域发展与扶贫攻坚

规划》，上升为国家发展战略。龙山也是湖南省2016年划定的20个国家级贫困县之一，按新的贫困人口划分标准，全县尚有贫困人口34万人，是国家扶贫开发工作重点县和湖南省扶贫攻坚湘西地区的主战场。

尽管龙山自然地理环境与区位格局的相对劣势，在一定历史阶段可能是其成为贫困县域的充分条件之一，但不会构成绝对贫困的必要条件，更非贫困人口大规模存在的重要条件。通过前期开发式扶贫的实施和投入、地方经济增长和国家财政资金优先转移支付，龙山减贫效果显著。按照2016年的贫困标准，龙山整体上属于国家级贫困县，县内有贫困乡镇、贫困村，但也有少数非贫困乡镇、贫困村，还有数量不菲的小康人家、富裕家庭。考察期间，我们切实感受到：县城商品住宅小区、乡镇集资建的砖混小楼房及农村新民居数量可观；乡村公路网络四通八达；电视、电讯信号全覆盖无死角；学校硬件与高学历师资基本达标；乡镇医院、新农合医保大病救助政策、民政救济体系基本完善。此外，黔张常铁路、吉恩高速、黔张高速纵横县境，在龙山与外部世界之间建立起快捷联系的交通通道。这些变化都表明了龙山县地方经济发展水平与公共基础设施建设所取得的成绩，具备了宏观层面解构区域性贫困外生机制的契机。

从我们实地接触到的调查点大多数农村绝对贫困家庭来看，形成微观个体贫困的主要原因有重大疾病、身体残疾、教育负担重、当事人好逸恶劳、自主发展能力与自主发展意识缺乏等多元因素。其中，业已显性化的贫困文化日益成为个体致贫的根由和脱贫的主要障碍。由于乡村文化失衡、社会失序造成的观念混乱、思想落后、行为偏离后果，会逐渐积累衍生出与贫困相关的贫困亚文化，在一定的场域影响乡村贫困群体的心态和日常生活。

文化人类学侧重于贫困文化理论的角度解释贫困现象的存在，认为长期处于贫困状态的群体，在相对封闭的社会生活中会形成自己独特的思维方式、生活态度和行为模式，从而导致贫困本身得以维持和繁衍。这一特定的文化现象是一种脱离现代主流社会文化的贫困亚文化。贫困文化往往与中国传统小农文化相承接，使其又具有小农文化的部分特征，具体表现为安于现状、听天由命的人生观；懒惰消极、好逸恶劳的劳动观；厚死薄生、大操大办的消费观；传宗接代、多子多福的生育观；贪图享受、等靠救济的生活观；等等。

农车镇哪咱村某村民小组，位于县境边缘，隔猛洞河与永顺交界，是一个当地人称PJ寨的自然村落。该村坐落猛洞河河谷开阔地，地势相对平坦，山环水绕，林木繁茂，田土耕作条件优越。但PJ寨的贫困户以及贫困人口最多，43户户头中有贫困家庭建档立卡户25户。哪咱村是我们调查的第一站，第一天正赶上同当地驻村第一书记——龙山县教体局 X 科长、农车镇 Z 副镇长、哪咱村 P 支书去 PJ 寨解决通组公路阻工问题。现场聚集了男女老少不下百人，青壮年男子占一半，将挖掘机团团围住，不准施工。从七嘴八舌的话语交流中我们大致了解到，因为公路要保障主路路基到每一户门口，须占用各户菜土、宅基地的边角面积不等，原来达成的相关补偿协议，现在有部分家庭不同意（公路已修到他们的门前），他们既不理睬村干部的解释，也不呼应乡亲的求情。一个上午的时间消耗，全体无功而返。

  一段 3200 米的扶贫公路从立项到招标、正式动工花去了两年时间，而路基工程就拖了近七个月，入村一段不到 500 米距离，机械施工一个星期的作业量，现在半个月了还是如此半拉子。

【访谈对象：X 科长；访谈记录：001NZ/X - 20170813】

  Z 副镇长称自己联系哪咱村扶贫工作三个年头了，跑 PJ 寨的时间比去岳母家里不会少，同事戏谑他在那里拜了好几个岳母。他对寨子里每家每户的情况了如指掌，同村民的关系比较融洽，有一定的权威。他说这个寨的情况代表了龙山少数扶贫绩效差的贫困村典型特征，只要钱、不干正事，以贫穷为荣，真正是"扶不起的阿斗"。18 户非贫困家庭，家境相对比较殷实，都有勤劳本分的家风底子，子女接受了初中以上教育（高职大专一人），父母、子女都有长期在外面打工、经商经历，子女多在县城或吉首购房安家，有生活自理能力的父母长辈居住在寨里的老宅；25 户贫困家庭中，主要因为教育负担、疾病原因陷入困境的有 8 户人家，条件许可的男性也在外面打工；其余三分之二的贫困户，多靠农副业维持基本生活，子女创业能力差，在外务工的青壮年极少，即使打过工，挣钱收入也少，基本无积累。在寨子及周边游手好闲的成年人、单身或失偶的男人，都属于这个群体。

【访谈对象：区副镇长；访谈记录：002NZ/Z - 20170813】

  后来在上门入户核实贫困档案数据的过程中，我们了解到的信息也大致如此。当地没有吃午餐的习惯，只为我们三人下了一锅面条充饥。下午及第二日我们仍然在寨里做数据核实的访谈，虽然直观感受到当地人热情好客的礼俗遗风仍然存留，目力所及，大多数家庭人畜混居在歪斜、低矮的传统木质房屋，生活设施简陋破旧，污水、苍蝇遍地，尤其是访谈对象眼神中安于生活现状的满足感以及对加大政府救济数额的渴望，沉甸甸的心头仍然会莫名地难受。

PJ寨风光的日子，种地有饭吃，卖树有衣穿，家家有屋住，小孩子读到小学毕业就不上学，可以不用干活整天玩耍。周边人都仰慕，外面的女子都愿意嫁进来。封山育林不能砍树了，家里的钱不够花，年轻人开始到广东沿海一线闯世界，钱没有挣到多少，人却染上了花花世界的坏毛病。国家政策好了，种田造林有补贴，特别是这些年扶贫力度越来越大，闲在家里的人越来越多，还多是一些身强力壮的男人。慢慢的，别人家里搞好了，我们这里却成了无人看得起的穷地方，娶不起婆娘的光棍有过十把个。我有三个儿子，还要种谷子、玉米、红薯，老婆子管家务。老大50多岁了，住着一间我砌的老房子，家徒四壁，恐怕这辈子就这样了，不争气的东西，经常找我们要钱买烟；老二强一点儿，打工带回一个河南媳妇，也离婚了，崽归我们管，现在在龙山县城做临时工，也穷。孩子在龙车中学读初中，学费、生活费一年得大几千；老三一家在福建泉州打工，还能给我们补贴一些生活费。日子难啊，我也没得多少盼头，操心也不管用，什么时候死了，也就一了百了了。

【访谈对象：PSX；访谈记录：003NZ/PSX-20170814】

晚饭吃得晚，X科长、Z副镇长、村P支书、村L主任等在县扶贫工作队租住的房子（临时村部，村部还在筹建）自己合伙分工做饭，Z副镇长掌勺。就餐时外面陆续来了十几个村民在聊天，我们一共才八个人吃饭，我还在纳闷怎么煮了一大锅米饭，然后村P支书将十几套碗筷摆放上了大围桌，端来十个大菜碟。这个时候有外面的村民走过来打量了我们一番后离开，尽管有X科长热情地邀请他们一起来"逮饭"（当地方言，即"吃饭"），大家还是慢慢地走散开去，只有两个村民大大方方地坐到了餐桌前同我们一起喝酒（其中一个村民带来了当地低度水酒）、吃饭。后面五天，连这两位客人再也没有来过。在开车送我们回镇上旅店的途中，村P支书说，那七八个人是彭家寨和三组的贫困"单身汉"，平时只要村干部们做饭，他们基本上每天会来蹭吃喝，也不要招呼，自己坐上去就心安理得地吃饱喝足走人，甚至吃光为止，反而让工作队、村干部常常饿饭。因此，每次做饭都准备足十五个人的量，蔬菜随时炒，还客客气气请那些"单身汉"一起聚餐。反正伙食费由六个工作队、村干部们平摊，一年就出个千多块钱，当做慈善好了。

【访谈对象：PSX；访谈记录：004NZ/P-20170813】

这种不可思议的事情，我们第一次听闻，试想，若贫困让一个身体健全的人可以放弃基本的人格尊严底线，那是需要什么样的环境来造就？在哪咱村最后一天，村P

支书打趣说要谢谢我们,这几天总算能够安安静静地吃上热饭菜、歇息一下,因为知道了我们是省上安排下去的"领导",这些贫困的"单身汉"都规矩了。而且第一天晚餐拿酒陪我们的那一位就是在彭家寨访谈的 PSX 老人的大儿子,也是单身汉的头,连着几天都没到村部来溜达了。这件事与其说是他们敬畏省上"领导"的威风,恐怕是因蹭吃蹭喝行为影响自己的扶贫利益,实质上应该是他们面对"有身份"的陌生人时,内心湮灭已久的荣辱感、尊严意义复苏,从而收敛、约束自己出格的不良行为。精准扶贫涉及他们时,要充分考虑他们身上这一细微知著的心理之光,对症下药先扶"志"。

通过对 PJ 寨的贫困群体个案分析,可以看出好逸恶劳、麻木不仁、得过且过等一系列消极情绪的长期积累,会带给个体习焉不察的负面人生态度,多倾向于将个人、家庭的贫困际遇,归因于命运不好、环境恶劣、制度不公等外部不可控的因素,视"贫困"事实为获得外界帮助的宝贵"资本",放弃自力自强的努力,将生活寄希望于政府和社会永无止境的无条件帮助上。心理贫困根植于贫困文化,助长于直接"输血"的扶贫和救助机制。心理贫困是贫困文化在贫困个体上的反映,实际上是一种精神贫困。它与贫困相适应,使贫困者安于贫困,丧失挑战贫困、创造新生活的精神动力,形成"坐吃坐享"不劳而获的行为模式。贫困与贫困文化两者交互作用,使贫困者陷入"物质贫困—精神贫困—物质贫困"的恶性循环。依靠精准扶贫、脱贫的政策驱动力,有利于学界进一步研究心理贫困、贫困文化对贫困的作用机理,焕发贫困者的自力更生的志气和自我发展的勇气,将扶贫与"扶志""扶智"三者有机结合,使贫困者成为扶贫的主体和主人。

## 三、从文化自觉的高度直面精准识别环节的村民主体作用

精准识别贫困户,是精准扶贫战略的首要任务、关键性环节,不仅影响到精准扶贫的结果与成效,更关乎社会价值观的公平正义。

从 2015 年"精准识别回头看"开始,龙山县针对此前贫困户识别偏离的弊端,提出"精准识别""精准退出"的工作思路,统一工作程序,建立了比较完整的贫困户纸质、电子档案。"情牵脱贫攻坚"主题实践活动的主要工作是核实贫困户信息,对照建档立卡户的在录信息与抽样入户家庭成员逐一核实,然后填写省扶贫办统一印制的"贫困户"情况表。龙车镇距离县城 69 公里,辖 27 个行政村,共 5949 户,总人口 2.28 万人。全镇有 14 个贫困村,建档立卡贫困户 2643 户 9132 人。我们在龙车镇的调查工作持续 17 天,对哪咱、尧场、汝池社区、农车、正河、高坪、富坪、艾溪、舍龙九个贫困村的贫困户识别、建档的精准程度进行了细致模底核查。清理、核对建档立

卡贫困户信息卡571份，完善"身体状况"一栏的精确信息，将原有的"好""一般""较差""差"四个指标，在驻村干部提供的个人资料中查询出"健康""慢性病""大病""残疾"信息，分别对应置换。实地入户访谈核实274户（包括贫困户和非贫困户）。虽然政策调整频次过高，档案信息填写规范与要求也在不断地完善和变化之中，但是各贫困村的各项贫困户信息和数据都很翔实，信息错误或错填、漏填49份，不到10%。漏填的信息集中在贫困户的银行卡信息、帮扶人员信息；错误信息只有11例，为身份证号码错误。访谈村民的一项内容是"你对本组、本村的贫困户识别结果是否满意、基本满意或不满意"，回答"不满意"的只有11户，满意度为95.85%。

有三位村民向我们反映了2017年度贫困户识别不公正问题，经过向驻村干部及村支两委干部详细了解情况后，分别做了答复和解释工作。高坪村两户农户落选建档立卡户，原因多是评议时该农户难以提交相关证明材料（残疾证等），并非村委评议工作的失误；哪咱村5组钟梅翠老人反映自己年迈体弱多病，三个儿子早逝无人赡养，家里十分贫穷却不是建档立卡户。原来她已经进入低保户系列，能够享受到每人每月270元的补贴还有其他相关的补贴。

从九个村的实地调查情况来看，各村贫困户的精准识别做到了公开、公正、公平，评定程序规范、流程合理、民主程度高，没有发现错评、漏评等情况，村民们对贫困户的评选及扶贫工作比较满意。同时，我们发现驻村扶贫工作队（第一书记）、村支书、村主任等对本村的贫困户信息掌握得十分清楚，工作态度认真、作风扎实。

龙车镇哪咱等九个贫困村在扶贫第一步精准识别工作方面取得了理想的绩效，为后续精准扶贫治理奠定了良好的基础。在此，我们总结了N、Y、R两村一社区的两点经验，可以供基层扶贫工作作为参考借鉴。

（一）重用"年轻化"的地方"能人"出任村支两委负责人

非常巧合的是，2017年三个村的村支两委负责人都是新上任的"村官"。

N村书记PWF，38岁，高中毕业后一直在深圳承包工程，有自己的工程队，被请回村上出任支书；Y场村村委会主任PJY，41岁，在龙山县城做灯具生意多年，有两家灯具店，负责全村扶贫工作；R社区书记一职空缺，由农车镇文化站干事TBJ兼任，社区主任LF，32岁，在浙江温州与人合作开工厂，只身一人回家乡。他们在外面世界经商、办工厂，自我发展能力强，积累了一定的家庭财富；个人素质方面的共同特点是头脑灵活、思维开阔、工作有魄力，对家乡发展有强烈的责任感、使命感。处理村集体的日常事务，主要是扶贫工作中，精力充沛干劲足，做事雷厉风行，处事公道、方法灵活，沟通能力强。在村民心目中享有一定的威望。

PWF 支书、PJY 主任、LF 主任都有自己的私家车，我们调查期间都由他们负责接送，遇到在公路步行赶路的村民，只要还有空座位，都会主动捎带一程，或停车打个招呼、寒暄几句。

聊起 PWF 支书在深圳的工程队时，他说："最好的一年利润超过 400 万人，现在只能交给朋友打理，一年分红不到 30 万。镇上给村干部的工资还不够开车的油钱、修理费。我回来捡哪咱这个烂摊子，只是想尽力让家乡有所改变，至少要把水泥路通到每一个组。好在大家慢慢认可我了，工作累，心里还蛮有成就感。"

【访谈记录：005NZ/P－20170817】

PJY 主任则坦言："我和我爱人都是尧场人，亲戚朋友、熟人多，有婚丧嫁娶的场合都会回来做人情。我一家的生活进小康，其他人家还原地踏步。开展扶贫工作以来，村上为贫困户、低保户的评选闹矛盾，我每听说一次就难受一次。这次有 80% 的村民推举我出来，我爱人不同意，自己则半推半就。Y 村的发展条件好过镇上其他贫困村，我的人缘好，大家信服我，相信我可以改变贫困落后的面貌。同时，灯具生意走下坡路，儿女也大了，我也得考虑资金投入转型的问题。计划在 Y 村承包 100 亩山地种植油茶，或者养殖山羊，示范、带动 Y 村产业增收。这是后面再考虑的事，目前还要对付稻田测量、扶贫建档检查。"

【访谈记录：001RC/P－20170822】

汝池社区 TBJ 书记是正式的公务员，LF 主任 2016 年投资亏损了不少，相对而言比较低调，没有给我们展望他们的"施政"宏图。当地是原塔泥乡政府街道所在地，后来乡镇合并成为汝池社区，虽然人口最多，但是贫困户、扶贫对象最少，仅有 45 户。加上驻村干部为旅文局 Z 书记，自称搭档"三剑客"，把扶贫工作开展得有条不紊。汝池社区钟姓老人因为家里房屋被水灾毁坏，家庭人口众多，2016 年被民主评议为扶贫户，但今年却自愿申请退出。他在深圳承包果园，一年收入 50 万元，已经成功脱贫。

【调查笔记：000RCSQ－20170826】

村支两委是连接县乡基层政府（国家）和村民之间的纽带，是国家政策的传达者和最终执行者。这些新上任的村干部被村民视为"能干人"，有阅历、有知识，自然有着"高、大、上"的领导形象。相较而言，他们在扶贫工作中基本不会因为计较个人利益得失而损害公平公正原则，容易与村民建立起互信关系。因此，他们的社会动员效果好，宣讲政策的被接受程度高，工作的阻力小，精准识别率高，能够高质量地完成精准识别任务。

（二）充分尊重民众扶贫治理的主体性地位，以村民评议程序常态化实现公共事务监督功能的最优发挥

国家有精准识别的相关政策指导、程序规定，识别贫困户要按照相关程序严格进行并接受县乡政府的领导，采取自主申请、村民代表大会讨论、结果公开和层层检查的方式，要求过程民主和结果公平。作为一项诱致性社会政策，精准扶贫必须得到村民特别是贫困户的广泛参与才能取得实效。但在实施过程中，乡村社会力量参与不力，动员效果有限，面临农村工作中经常遭遇的政策失效考验。除了基层政府大包大揽的"客位"扶贫工作思维影响，还有精准扶贫场域内如何重构国家、社会与村民关系的认知分歧，农户的参与度并不高甚至很低，或者说农户面临主体性缺失问题。

如何才能提升精准扶贫的社会参与度，使贫困户、非贫困户等社会力量自主性地深度卷入精准扶贫治理，呈现高参与形态，各地都有创新实践与经验，哪咱、尧场村的经验是将必要的收支账目如上级拨款、外部资助的扶贫资金，基础建设专项和日常运行经费，工作计划内如何使用等信息，通过村民代表会议、党员会议、熟人社会的口头传播媒介或接受咨询的方式公开，以点带面，充分调动起村民对集体事务的关注热情。这也是增强村干部与村民互信的最佳途径。

N村支书PWF说：我接手工作的时候，村民的风言风语听多了。大家质疑我放着深圳的钱不挣，要么是亏损破产了，肯定是冲着扶贫资金这块大肉来的。对我的态度不友好不说，给他们装烟，有的烟民还称是扶贫工作烟，抽的也是自己的一份。后来我与驻村干部、村主任商量沟通，逐步将我接手的开支在政策允许范围内公开，接受大家的监督。村民对我的态度和看法就有明显的改变，对我有点小小的认可，说话也起作用了。

【访谈记录：006NZ/P-20170815】

Y村PJY主任开始的工作难度倒是不太大，因为大多数村民都在我的手上购买灯具，基本按照成本价给，还送货上门。乡亲们对我工作的支持力度蛮大，干群关系有了明显的改善。我召集开会的次数不多，到会率却高，而且大家都准时，讨论事情的效率高。

【访谈记录：001RC/P-20170825】

村民评议制度化，村民代表由民主推选，代表民意在村民代表会议上审议贫困户、低保户及雨露计划、危房补助对象的评选资格与结果。评选结果公示公告，接受村民与扶贫办、民政局、镇政府的监督，公示期内村民对评选结果有异议，可以电话、口头及书面材料向监督部门举报。两个村的评议内容、程序基本一致，贫困户、低保户的识别、建档立卡、项目发放、帮扶对象以及"回头看"（"回头看"是指对确定的贫困户进行再次审核，检查是否符合贫困户标准，经过扶贫政策是否已经脱贫）均需通过村民评议。评议方式：村支书主持评议并介绍会议主题；乡镇分管领导宣读政策文件，对评议的内容和方式进行简要介绍；由村民小组组长介绍本小组申请对象的具体情况；参与评议的人员发表意见；表决投票，给予通过或否决结果。我们调查期间列席了两次村民评议会议，评议2017年度低保户、雨露计划就读人员。Y村18名村民代表参加会议，积极发表意见，据实言理，没有胡搅蛮缠式的争吵，认定10名低保户，3名低保户、1名雨露计划就学申请未被通过。哪咱村25人投票，全部通过了19名低保户的申请资格。评议结果以"农车镇××村低保评议公示名单"张榜在村部，公示内容包括个人及家庭人口信息、纳入原因、评议同意及反对票票数、举报电话、公示期限等。

在"半熟人社会"精准识别贫困户的工作中，中央要求要保证农户的充分参与和整个过程的公平、公正、公开。根据笔者调查情况，目前业已成型的能够最大限度地调动基层民众参入社会事务积极性，保障村民知情权、公平权的村民代表评议制度，是有效贯彻中央政策精神、完成政策目标的最佳推手。村民代表评议制度运转的常态化，也是村民主体凸显、主体性作用发挥的具体体现，并具有自下而上的监督功能。

## 四、讨论

个案材料虽有其不可避免的局限性，但可以弥补部分理论探索的抽象辨析造成的繁琐与空洞，加深对相关理论的理解程度。

一定时空场域的社会现象、群体行为背后，都有其形成、发生的文化逻辑，都可以从文化人类学学科视野进行观察、分析。文化植根于乡土，是祖先一辈辈创造、传承、发展出来的与生存环境相适应的生活方式、人生态度、价值观，生产资料、劳动技能，行为规范、人伦道德、乡土秩序等范畴的集合。现代化的国家治理、社会转型，物质、信息、人口的大流动，快速地冲击和解构包括乡土文化在内的传统文化生态，乡土文化在惯性残喘中变迁，破而未立，但乡土文化仍然有顽强的生命力，会对地方事务做出积极或消极的功能应对，特别是面对国家实施的大规模社会改造运动，乡土被动地成为单纯被改造的对象与之相联系，乡土文化的消极功能则通过影响村民个体的心理、认知的方式发挥其作用。对政策、上级指定的各项工作产生排斥情绪，不关心也不配合政府的动员，安于现状，主动放弃自己应有的利益诉求。表现在精准扶贫阶段，成为持续贫困、返贫的重要要因，破坏精准识别，损坏公平正义。乡土文化素有吃苦耐劳、勤俭持家、团结互助、诚信公平、好学上进多方面优良品质，具有塑造个体素质、维护社会公序良俗、增强村民生活自信心等方面的积极功能价值。对应于当前的扶贫治理，则可以提升村民的主体性自觉，主动参与扶贫工作各个环节，发挥决策、监督作用；强化贫困群体自主发展意识，提高自主发展能力，通过自我努力与精准扶助，争取早日脱贫奔小康。

精准扶贫已不再停留在解决温饱、住房的"脱贫"目标上，而是逐渐演变成全社会共同参与社会资源整合、利益分配、社会机构治理与重塑的一项全民行动。本文只是从一个侧面关注了贫困地区乡土文化对精准扶贫工作的影响作用，就论题所涉及的诸多向度，存在值得进一步探讨的空间。如乡土文化的文化逻辑对社会主体行为的影响，它是否具有可测度性？具体的作用机制是什么？乡土文化本身是否需要整合提升？对精准扶贫攻坚成效有哪些助益或阻碍？文化在"扶志"与"扶智"的扶贫途径上，还有那些作为？等等。

**参考文献：**

［1］李小云. 精准扶贫才能精准脱贫. 人民日报，2015 - 11 - 06.

［2］汪三贵，郭子豪. 论中国的精准扶贫. 贵州社会科学，2015（5）.

［3］陆汉文，黄承伟. 中国精准扶贫发展报告（2016）. 北京：社会科学文献出版社，2016.

［4］何仁伟，丁琳琳. 精准扶贫背景下我国农村贫困机制研究综述. 江苏农业科学，2018（17）.

［5］周晶晶，朱力. 精准扶贫视野下的农村社会治理研究. 云南民族大学学报·哲学社会科学版，2018（5）.

［6］彭春凝. 当前我国农村精准扶贫的路径选择研究. 农村经济，2016（5）.

［7］马良灿，哈洪颖. 项目扶贫的基层遭遇：结构化困境与治理图景. 中国农村观察，2017（1）.

［8］陈升，潘虹，陆静. 精准扶贫绩效及其影响因素：基于东中西部的案例研究. 中国行政管理，2016（9）.

图书在版编目（CIP）数据

田野中国学.1/谭必友主编.—北京：
民族出版社，2020.3
　　ISBN 978-7-105-16039-6

Ⅰ.①田… Ⅱ.①谭… Ⅲ.①中国学—文集
Ⅳ.① K207.8-53

中国版本图书馆 CIP 数据核字（2020）第 043597 号

田野中国学　1

策划编辑：李志荣
责任编辑：赵　莹
封面设计：刘福勤
出版发行：民族出版社
地　　址：北京市和平里北街 14 号
邮　　编：100013
电　　话：010-64271909（汉文编辑一室）
　　　　　010-64224782（发行部）
网　　址：http://www.mzpub.com
印　　刷：北京中石油彩色印刷有限责任公司
经　　销：各地新华书店
版　　次：2020 年 4 月第 1 版　2020 年 4 月北京第 1 次印刷
开　　本：787 毫米 ×1092 毫米　1/16
字　　数：280 千字
印　　张：11.75
定　　价：41.50 元
书　　号：ISBN 978-7-105-16039-6/K・2805（汉 1607）

该书若有印装质量问题，请与本社发行部联系退换